POLYGLOTT zu Fuß entdecken

New York

Erkunden Sie zu Fu
allen ihren Facetten und verborgenen Winkeln. Jede Tour lässt Sie überraschende Eindrücke sammeln und Altbekanntes neu genießen.

Meine Reise – meine APP!

Mit der kostenfreien POLYGLOTT-App können Sie auf Ihren Touren eigene Entdeckungen mit Fotos, Adresse und Anmerkungen festhalten und mit anderen teilen. Plus: digitale Postkarten und Slide-Show-Funktion.

www.polyglott.de/meineapp

ZEICHENERKLÄRUNG

POLYGLOTT-Touren
Die Touren leiten von einer Station des öffentlichen Nahverkehrs, Bus, Ⓢ und Ⓤ, zu einer anderen – Parkplatzsuche überflüssig.

Wann
Sie sind viel im Freien unterwegs – am schönsten bei Sonnenschein

Überwiegend im Inneren – macht auch bei Regen Spaß

Am schönsten in der Abenddämmerung und danach

Dauer · Distanz
Ein Spaziergang von bis zu zwei Stunden zu schönen und interessanten Orten

Ein Spaziergang mit Sehenswürdigkeiten, der einen halben Tag dauert

Ein ganztägiger Spaziergang

Top-12-Highlights
Herausragende Sehenswürdigkeiten sind mit Stern gekennzeichnet.

Lieblinge des Autors
sind mit Herz markiert.

Mal Pause machen
Kleine Auszeit in der Tour

Preiskategorien

Hotel (DZ inkl. Frühstück):

€€€	ab 360 €
€€	180 bis 360 €
€	bis 180 €

Restaurant (Menü):

€€€	ab 60 €
€€	30 bis 60 €
€	bis 30 €

INHALT **SEITE**

DIE TOUREN IM ÜBERBLICK

DAS IST MEIN NEW YORK

Ken Chowanetz

wurde die Begeisterung für das Reisen gewissermaßen schon astrologisch in die Wiege gelegt. Im Sternzeichen Schütze geboren, ist es für den Tageszeitungsredakteur nicht zu Hause, sondern in der Ferne am schönsten. Seine Leidenschaft sind Städte.

Acht Stunden Flug, stundenlanges Anstehen für die strengen Einreisekontrollen, dann die lange Fahrt nach Manhattan. Müde steige ich die Treppen vom unterirdischen Bahnhof hoch zur Straßenebene – und mit einem Schlag bin ich hellwach und wieder mittendrin in der Stadt der Städte! Anderswo würde es mich stören, das Hupen genervter Autofahrer, hastende Passanten ohne Blick für die atemberaubenden Wolkenkratzer. Aber hier mischen sich die Eindrücke und werden zu einem mitreißenden Ganzen. New York – das ist live gewordenes großes Kino – von der erhabenen Schönheit des Empire State Building bis zum silberglänzenden Imbisswagen an der Ecke. »Hot Dog one Dollar, Fries one Dollar« ruft dort der Verkäufer. Ich falle auf ihn rein, bekomme für zwei »Bucks« fünf Pommes und ein Würstchen in Briefmarkengröße. Lektion gelernt: Alles ist doch nicht *big* im Big Apple. Aber verhungern werde ich wohl nicht. 35 000 Restaurants und Fast-Food-Läden gibt es in der Stadt – mit Betreibern aus aller Herren Länder. Vielleicht werde ich diesmal peruanische Küche kosten, wenn mir mein Wiedersehen mit Greenwich Village und Central Park, mit Fifth Avenue und Rockefeller Center die Zeit dazu lässt. Willkommen in New York, der Stadt der unbegrenzten Möglichkeiten.

MEINE LIEBLINGE

Hier schlägt das Herz des Autors höher

1 **Bei einer Fahrt mit der Staten Island Ferry** gibt es kostenlos den schönsten Blick auf die Skyline Manhattans und die Freiheitsstatue. Die Einheimischen haben kein Auge für das Weltklassepanorama. › **S. 14**

2 **Lust auf einen Wettkampf?** Im Washington Square Park warten Dutzende Schachspieler auf einen Gegner. Vorsicht ist geboten: Viele sind Profis, die gegen Geld spielen! › **S. 48**

3 **Das Bild der Seilbahn Roosevelt Island Tramway,** deren Strecke teilweise durch die Hochhausschluchten von Manhattan führt, verblüfft mich immer wieder (2nd Ave./E 60th Ave.). › **S. 73, 77**

4 **Die Lobby Lounge des Hotels Mandarin Oriental** im 35. Stock bietet einen faszinierenden Ausblick auf den Central Park. Der astronomische Preis für den Kaffee ist aber jeden Cent wert (80 Columbus Circle). › **S. 93**

5 **»Imagine« ist in Yoko Onos Mosaik** zu lesen. »Strawberry Fields« am Rand des Central Parks erinnert an John Lennon, der unweit von hier ermordet wurde – ein bedrückender und zugleich Trost spendender Ort (Höhe W 72nd Street). › **S. 94**

6 **Nach dem Erfolg der »Nachts-im-Museum«-Filme** öffnet das American Museum of Natural History an einigen Tagen im Jahr vom Abend bis zum frühen Morgen. Die kleinen Gruppen übernachten in Schlafsäcken unter einem riesigen Blauwal (www.amnh.org/plan-your-visit/amnh-sleepovers). › **S. 96**

TOP-12-HIGHLIGHTS

Die wichtigsten Sehenswürdigkeiten auf einen Blick

1 **Statue of Liberty/Ellis Island** Symbolträchtiges Wahrzeichen für das Land der unbegrenzten Möglichkeiten. › **S. 11**

2 **One World Trade Center** Mit 542 m Höhe ist der symbolträchtige Neubau der höchste im Land. › **S. 12**

3 **Whitney Museum of American Art** Der neue Museumsbau ist architektonisch und kulturell ein Leckerbissen. › **S. 55**

4 **High Line** Idyllischer Spazierweg auf dem Gleisbett einer ehemaligen Hochbahn. › **S. 55**

5 **Macy's** Das wohl größte Kaufhaus der Welt belegt einen ganzen Straßenblock. › **S. 62**

6 **Empire State Building** Ein Traum in Art-déco – auch nach acht Jahrzehnten. › **S. 63, 149**

7 **Grand Central Terminal** Die Haupthalle ist Star vieler Filmklassiker. › **S. 66**

8 **Times Square** Vor allem abends ein irres Spektakel an visuellen Reizen. › **S. 66**

9 **Broadway** Die längste Theater- und Musicalmeile der Welt. › **S. 68**

10 **Rockefeller Center** Mit 21 Wolkenkratzern ist es nicht nur für Architekturfans eine spannende Stadt in der Stadt. › **S. 70**

11 **Museum of Modern Art** Von Schiele bis Picasso, von Tetris bis VW Käfer – die Bandbreite des MoMA ist beeindruckend. › **S. 76**

12 **Central Park** Grüner Großstadtdschungel mitten in Manhattan. › **S. 94**

Tour 1

Manhattans Südspitze

Battery Park › Liberty Island/Statue of Liberty › Ellis Island › Robert F. Wagner Jr. Park › World Financial Center › Ground Zero

Start: Ⓢ Bowling Green (Train 4, 5)
Ziel: Ⓢ World Trade Center (Train E)
Wann: tagsüber, Start bevorzugt morgens
Distanz: 2,7 km

»Freiheit« könnte als Motto über dieser Tour stehen. Den passenden Auftakt bildet ein Besuch der Statue of Liberty, für zahllose Einwanderer Verkörperung des Traums von einem selbstbestimmten Leben. Unabhängigkeit und ungebrochenen Zukunftsglauben soll auch das One World Trade Center auf dem Gelände der zerstörten Twin Towers symbolisieren.

The Sphere

Wie könnte ein Urlaubstag besser beginnen als mit einer Schiffstour? Von der Ⓢ Bowling Green (Ausgang State St.) aus sind es nur einige Schritte in den **Battery Park** 1. Das Gelände hat seinen Namen von den Geschützbatterien, die einst den Hafen sicherten. Erstes Ziel ist das **Castle Clinton National Monument** (tgl. 8–17 Uhr), ein früheres Fort. Hier bekommt man Tickets für die Fähren nach Liberty Island und Ellis Island – wer vorab online reserviert und die Tickets zu Hause ausdruckt, spart sich die Wartezeiten (www.statuecruises.com). Der Weg durch den Park führt vorbei an **The Sphere**, einer Skulptur des

Niederbayern Fritz Koenig, die zwischen den Twin Towers stand und als einziges Kunstwerk deren Einsturz am 11. September 2001 überlebte. Sie wurde 2002 im Battery Park aufgestellt, wo sie nun mit ihren Beschädigungen an Amerikas schwärzesten Tag der jüngeren Vergangenheit erinnert.

Die **Statue of Liberty** 2 ★1, ein Geschenk der Franzosen, wacht seit 1884 über den Hafen von New York. Erschaffen wurde sie vom Bildhauer Frédéric Auguste Bartholdi und vom Eiffelturm-Erbauer Gustave Eiffel. Bis zur Spitze der Flamme ist die Dame knapp 46 m hoch. Rasch entwickelte sie sich zum Sinnbild für das bessere Leben, das sich Millionen von Einwanderern in der Neuen Welt erhofften. Dass das Versprechen der großen Freiheit oft ein leeres war, zeigt der Besuch von **Ellis Island** 3. Der Kontrollpunkt war der erste Flecken US-Erde, den die Menschen nach der Atlantiküberfahrt betraten.

Ellis Island

Zurückgekehrt nach Manhattan, führt der Weg weiter durch den Battery Park, u. a. vorbei an der Skulptur **The Immigrants.** Im Restaurant **Battery Gardens** genießt man noch einmal einen schönen Blick auf die Freiheitsstatue (1 Battery Park Plaza, Seafood, €€). Das **National Museum of the American Indian** 4 (1 Bowling Green, tgl. 10–17 Uhr) ist der Geschichte und Kultur der amerikanischen Ureinwohner gewidmet. Mit New Yorks Wolkenkratzerarchitektur beschäftigt sich das **Skyscraper Museum** 5 (39 Battery Place; Mo, Di geschl.), das stilgerecht in einem Hochhaus mit immerhin 37 Stockwerken residiert.

Ein Kontrastprogramm zu den Kolossen aus Stahl und Glas stellt der auf mehreren Ebenen angelegte **Robert F. Wagner Jr. Park** dar. Hier dokumentiert das **Museum of Jewish Heritage** 6

Die beschauliche **Esplanade** zwischen World Financial Center und Hudson River will so gar nicht ins hektische Manhattan passen. Hier tummeln sich Spaziergänger, Jogger, Radfahrer und Sonnenanbeter.

MAL PAUSE MACHEN

(36 Battery Pl., www.mjhnyc.org, So–Do 10 bis 17.45, Fr 10–17 Uhr) die Geschichte der Juden ab etwa 1880. Die Brücke zur Businessmetropole schlägt das **World Financial Center,** eine Gruppe von vier unterschiedlich gestalteten Hochhäusern. Ihr Zentrum bildet der 1988 erbaute **Winter Garden** 7, ein zehnstöckiges Atrium mit Königspalmen.

Ein Besuchermagnet von makabrer Anziehungskraft ist **Ground Zero,** jener Platz, an dem bis zum 11. September 2001 die Zwillingstürme des World Trade Center standen. Nach jahrelangem unwürdigen Hickhack ist der Platz nun Standort des

Winter Garden

symbolträchtigen 1776 Fuß hohen (541 m; 1776 ist das Jahr der amerikanischen Unabhängigkeit) **One World Trade Centers** 2 und gleichzeitig Mahnmal (Aussichtsplattform »Observatory«, oneworldobservatory.com, Sept.–April 9–19.15, Mai–Aug. 9–23.15 Uhr). Zwei Wasserbassins, in deren Kupferrand die Namen der fast 3000 Terroropfer eingraviert sind, bilden den Grundriss der Twin Towers nach, im **9/11 Memorial Museum** 8 werden die schrecklichen Ereignisse jenes Tages in einer kontrovers diskutierten Ausstellung in Erinnerung gerufen (www.911memorial.org/visit).

Dass kein noch so furchtbares Ereignis die New Yorker langfristig aus dem Gleichgewicht bringt, zeigt z.B. das bei Shoppingfans beliebte Outlet-Kaufhauses **Century 21** 9 (s. Shopping, S. 141), das nur Schritte nördlich von Ground Zero liegt.

Touren im Anschluss: 2, 3, 4

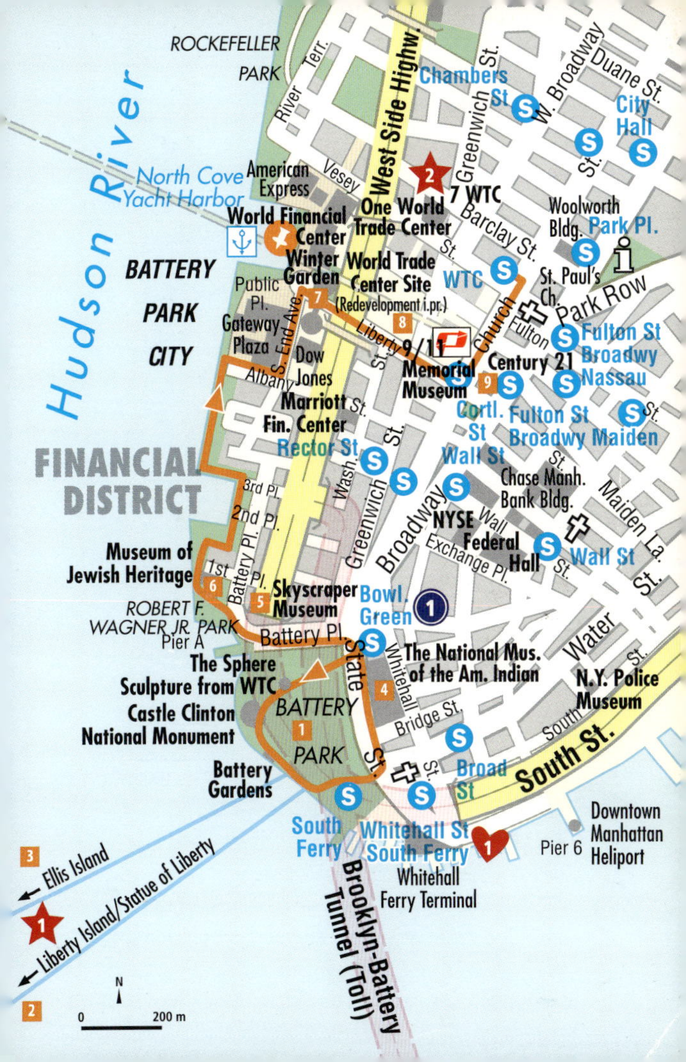

ROCKEFELLER
PARK
River
Terr.
West Side Highw.
Chambers St
Greenwich St.
W. Broadway
Duane St.
City Hall
Hudson River
North Cove Yacht Harbor
American Express
Vesey
7 WTC
One World Trade Center
Barclay St.
Woolworth Bldg.
Park Pl.
World Financial Center
Winter Garden
World Trade Center Site
(Redevelopment i.pr.)
WTC
St. Paul's Ch.
Park Row
BATTERY
PARK
CITY
Public Pl.
Gateway Plaza
S. End Ave.
Liberty St.
9/11 Memorial Museum
Church
Fulton
Fulton St
Broadwy
Nassau
Century 21
Albany
Dow Jones
Marriott
Fin. Center
Cortl. St
Fulton St
Broadwy
Maiden
Rector St
Wash. St.
Wall St
Chase Manh. Bank Bldg.
FINANCIAL
DISTRICT
3rd Pl.
2nd Pl.
Greenwich
Broadway
NYSE
Wall St.
Federal Hall
Exchange Pl.
Maiden La.
Wall St
Museum of Jewish Heritage
1st Pl.
Battery Pl.
Skyscraper Museum
Bowl. Green
ROBERT F. WAGNER JR. PARK
Pier A
Battery Pl.
State St.
Whitehall
The National Mus. of the Am. Indian
Water St.
N.Y. Police Museum
The Sphere Sculpture from WTC
Castle Clinton National Monument
BATTERY
PARK
Bridge St.
South St.
Battery Gardens
Broad St
South Ferry
Whitehall St
South Ferry
Whitehall Ferry Terminal
Pier 6
Downtown Manhattan Heliport
Ellis Island
Liberty Island/Statue of Liberty
Brooklyn-Battery Tunnel (Toll)
N
0
200 m

Tour 2

Financial District: Kommerz und Kirchen

Staten Island Ferry › Fraunces Tavern Museum › Vietnam Veterans Memorial › New York Police Museum › Wall Street › Trinity Church › St. Paul's Chapel

Start: Ⓢ **Whitehall St. – South Ferry (Train N, R)**
Ziel: Ⓢ **Fulton St. (Train 2, 3, 4, 5)**
Wann: **werktags, Start vor Arbeitsbeginn um 9 Uhr**
Distanz: **2,1 km**

»Geld regiert die Welt«, heißt es. Wenn das Sprichwort stimmt, befindet sich die Regierungszentrale des Mammons in Lower Manhattan. Die Wall Street gilt als Seismograph der Weltwirtschaft – hier nahm die weltweite Finanzkrise 2008 ebenso wie die Protestbewegung »Occupy« ihren Anfang. Ruhepole inmitten des Trubels bilden die Kirchen mit ihren idyllischen Friedhofsgärten.

Staten Island Ferry

Es scheint unglaublich: In einer der teuersten Städte der Welt gibt es eine hochkarätige Touristenattraktion völlig gratis zu erleben. Vom **Whitehall Terminal** 1 fahren die **Staten Island Ferries** 1 rund um die Uhr ab, die Manhattan mit der vorgelagerten Insel Staten Island verbinden. Vom Außendeck der Schiffe bietet sich ein atemberaubender Blick auf die Skyline Manhattans und auf die Freiheitsstatue. Während sich Touristen an den Eindrücken nicht sattsehen können, schauen Einheimische unbeteiligt in ihre Zeitung und nippen gelangweilt an ihrem Kaffee. Wer auf Staten Island gleich die Gegenfähre zurück nach Manhattan nimmt, muss für den Schiffsausflug etwa 1 Std. veranschlagen. Zurück an Land entführt ein Besuch des **Fraunces Tavern Museum** 2 (54 Pearl St., frauncestavernmuseum.org, Mo–Fr 12 bis 17, Sa, So 11–17 Uhr) in die Zeit der amerikanischen Revolution, als New York für kurze Zeit Hauptstadt der jungen Vereinigten Staaten von Amerika war. In Fraunces Tavern stärkten sich die Revolutionäre, allen voran George Washington. Der Nachbau des Backsteinwirtshauses von 1717, dessen Inneres 2012 von Hurrikan Sandy stark in Mitleidenschaft gezogen und aufwendig restauriert wurde, beherbergt im Erdgeschoss ein Restaurant. Sollte es wieder einmal wegen Besitzerwechsel geschlossen sein, stellt das benachbarte **Bombay's Indian Restaurant** (indisch-amerikanisch, €) eine leckere Alternative dar.

Nur einen Block entfernt erinnert das **Vietnam Veterans Memorial** 3 an einen weniger rühmlichen Teil der amerikanischen Geschichte. Auf dem Walk of Honor wird der mehr als 1700 New Yorker gedacht, die im Vietnam-Krieg ihr Leben verloren.

Eines der meistfotografierten Motive in der **Wall Street** ist die imposante **Federal Hall** 4 (26 Wall St., Mo–Fr 9–17 Uhr). Das klassizistische Gebäude mit der Statue George Washingtons wurde 1842 dort erbaut, wo zuvor das erste Rathaus der Stadt stand. Das Gebäude wirkt ehrfurchtsgebietend. In der Federal Hall gibt es eine Ausstellung zu George Washington zu sehen, außerdem die erste Bibel, auf der die Präsidenten der Vereinigten Staaten ihren Amtseid schwören mussten. Weil die Federal Hall in vielen Filmen sinnbildlich für die Wall Street eingesetzt wird, ist die Annahme verbreitet, die berühmte **New York Stock Exchange** 5 sei in dem Gebäude unterge-

New York Stock Exchange

bracht. Falsch! Tatsächlich befindet sich die größte Börse der Welt gegenüber. Seit 1792 wird an der Wall Street gehandelt, anfangs unter einem Baum, seit 1903 in dem berühmten klassizistischen Bau mit Tempelfassade. Die Besuchergalerie, von der man das Handelsgeschehen in der Börsenhalle verfolgen konnte, ist leider längst geschlossen. Böse Zungen behaupten, die Broker waren es leid, dass sie von oben mit Dollarnoten beworfen werden – eine seltsame Tradition, von der niemand mehr weiß, wie sie ihren Anfang nahm.

Trinity Church

Wie ein in Stein gehauener Anachronismus steht die **Trinity Church** 6 mitten im Finanzzentrum. Als die Kirche 1846 erbaut wurde, war sie dank ihres 90 m hohen Turms das höchste Gebäude der Stadt. Heute steht sie im Schatten riesiger Bürohochhäuser. Die Zeiten ändern sich und manche Börsianer müssen inzwischen auf den Dollar schauen. So sichtet man die Finanzjongleure zuweilen auch im ungewöhnlichsten **McDonald's** 7 der Stadt (160 Broadway). In dem Lokal wird zu Burgern und Pommes zuweilen sogar Livemusik geboten. Zur Trinity Church gehört auch **St. Paul's Chapel** 8 weiter nördlich am Broadway. Die nahe der Zwillingstürme gelegene Kirche fungierte unmittelbar nach den Anschlägen als Hilfszentrum. Nach und nach entstand im Gotteshaus eine sehenswerte Ausstellung zu 9/11, bei der die Helfer im Mittelpunkt stehen.

MAL PAUSE MACHEN

Der alte **Friedhof der Trinity Church** ist eine Oase der Ruhe. Die genießen auch viele Börsianer, die hier ihr Mittagssandwich verzehren. Folgen Sie dem Beispiel – aber lassen sich mehr Zeit.

Touren im Anschluss: 1, 3, 4

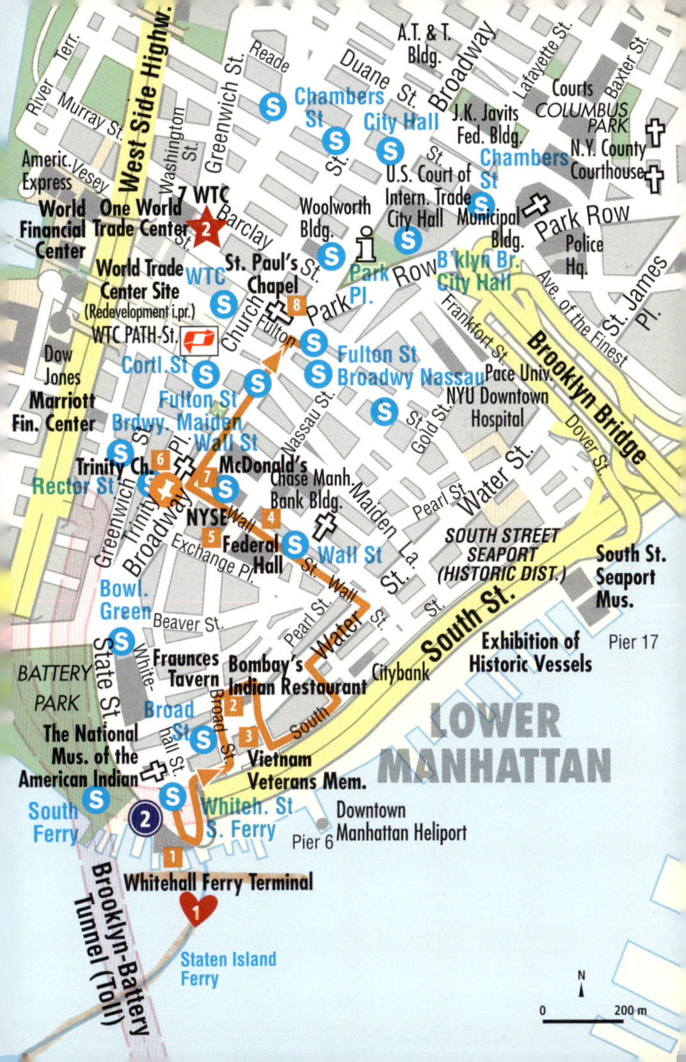

LOWER MANHATTAN
West Side Highw.
River Terr.
Murray St.
Americ. Express
Vesey
Washington St.
Greenwich St.
Reade
Duane St.
A.T. & T. Bldg.
Broadway
Lafayette St.
Baxter St.
Courts
COLUMBUS PARK
J.K. Javits Fed. Bldg.
N.Y. County Courthouse
Chambers St
City Hall
Chambers St
U.S. Court of Intern. Trade
Municipal Bldg.
Park Row
Police Hq.
St. James Pl.
World Financial Center
One World Trade Center
7 WTC
Barclay St.
Woolworth Bldg.
City Hall
World Trade Center Site (Redevelopment i.pr.)
WTC
St. Paul's Chapel
Park Pl.
Park Row
B'klyn Br. City Hall
Frankfort St.
Ave. of the Finest
Brooklyn Bridge
WTC PATH-St.
Church St.
Fulton St.
Fulton St
Broadwy Nassau
Pace Univ.
NYU Downtown Hospital
Dow Jones
Cortl. St
Fulton St
Brdwy. Maiden
Wall St
Marriott Fin. Center
Nassau St.
Gold St.
Dover St.
Trinity Ch.
Rector St
McDonald's
Chase Manh. Bank Bldg.
Maiden La.
Pearl St.
Water St.
Greenwich St.
Trinity Pl.
Broadway
NYSE
Wall St.
Federal Hall
Wall St
Exchange Pl.
SOUTH STREET SEAPORT (HISTORIC DIST.)
South St. Seaport Mus.
Bowl. Green
Beaver St.
Pearl St.
Water St.
South St.
Pier 17
State St.
Fraunces Tavern
Bombay's Indian Restaurant
Citybank
Exhibition of Historic Vessels
BATTERY PARK
Whitehall St.
Broad St
Broad St.
South
The National Mus. of the American Indian
Vietnam Veterans Mem.
South Ferry
Whiteh. St
S. Ferry
Pier 6
Downtown Manhattan Heliport
Whitehall Ferry Terminal
Brooklyn-Battery Tunnel (Toll)
Staten Island Ferry
N
0
200 m

Tour 3

Civic Center und South Street Seaport

Woolworth Building › City Hall Park › Municipal Building › Brooklyn Bridge › New York Police Department › South Street Seaport

Start: Ⓢ **Park Place (Train 2, 3)**
Ziel: Ⓢ **Wall St. (Train 2, 3)**
Wann: **tagsüber, am besten werktags**
Distanz: **3,2 km**

Auch eine Stadt wie New York muss verwaltet werden – angesichts der Größe der Metropole fallen die Regierungsgebäude imposant aus. Auf dieser Tour ist man dem Zentrum der Macht ganz nah. Entspannung finden die Mächtigen und nicht ganz so Mächtigen in der ehemaligen Hafengegend, die mit viel Aufwand zum Vergnügungsviertel umgestaltet wurde.

Woolworth Building (rechts)

Für Architekturfans beginnt die Tour mit einem Paukenschlag: Das **Woolworth Building** 1 gilt als schönstes Geschäftsgebäude der Welt. Von seiner Erbauung 1913–1930 war die 241 m hohe »Kathedrale des Kommerzes« New Yorks höchstes Gebäude. Architekt Cass Gilbert versah den Wolkenkratzer mit einem Turm, der einer gotischen Kathedrale nachempfunden ist; neogotische Details wie Wasserspeier, Ecktürmchen und Strebepfeiler zieren auch die Fassade. Die Art-déco-Lobby ist für die Öffentlichkeit eigentlich nicht zugänglich. Eigentlich, denn seit Frühjahr 2015 werden vereinzelt Touren angeboten, die schnell ausverkauft sind (www.woolworthtours.com). Wer es schafft, einen Blick in die Eingangshalle zu erhaschen, sieht unter der Balkonbrüstung Frank W. Woolworth kauern, karikiert als Centstücke zählender Gnom.

Der **City Hall Park** 2 ist eine reizende Grünanlage, die allerdings von Hochhäusern fast erdrückt wird – Platz ist ein kostbares Gut in Manhattan. Das Gebäude, das dem Park seinen Namen gab, stellt im schnelllebigen New York ein kleines Wunder dar: 1812 im Federal Style gebaut, ist die **City Hall** auch fast 200 Jahre später noch Amtssitz des Bürgermeisters und des Stadtrats – eine Ewigkeit nach hiesigen Maßstäben. Dem niedrigen Rathaus stiehlt das hoch aufragende, von der vergoldeten Skulptur »Civic Virtue« gekrönte **Municipal Building** im Osten die Schau. Das wiederum hat keine Chance gegen die **Brooklyn Bridge** 3. Nach 16-jähriger, von vielen Katastrophen begleiteter Bauzeit wurde die damals längste Hängebrücke der Welt (1834 m) 1883 dem Verkehr übergeben. Wer sie zu Fuß überqueren möchte, bekommt rechts vom Municipal Building seine Chance. Auf der Nordseite des City Hall Park konkurriert das Old New York County Courthouse mit dem Rathaus. Es wurde 1861–1881 im viktorianischen Stil errichtet. Die New Yorker kennen den Gerichtshof als **Tweed Courthouse** 4: Der korrupte Politiker William M. Tweed ließ bei seiner Erbauung beträchtliche Summen in die eigenen Taschen fließen. Bauarbeiter entdeckten zwischen Duane und Elk Street 1993 einen

MAL PAUSE MACHEN

Auf der Eastern Plaza des Rathauses verkauft die populäre Kette **Waffles and Dinges** ihre köstlichen Waffelprodukte direkt vom Wagen. Das Anstellen lohnt sich.

Brooklyn Bridge

Sklavenfriedhof aus dem 17. und 18. Jh. Heute sind die **African Burial Grounds** eine Gedenkstätte. Im angrenzenden Ted Weiss Federal Building wurde ein kleines Besucherzentrum eingerichtet (290 Broadway, Di–Sa 10–16, Mahnmal Mo–Sa 9–17 Uhr).

Über die Duane Street führt der Weg am Südende der Federal Plaza vorbei zum Foley Square, der von Regierungs- und Verwaltungsgebäuden gesäumt ist. Besonders ins Auge sticht das **U.S. Courthouse** 5, das Bundesgericht. Cass Gilbert zeichnete gemeinsam mit seinem Sohn Cass Gilbert Jr. für dieses neoklassizistische Meisterwerk verantwortlich. Über die Pearl Street geht es weiter zur Police Plaza, wo das **New York Police Department** 6, NYPD, seinen Sitz hat. Das Gebäude dürfte nicht nur Fans der Fernsehserie »NYPD Blue« bekannt vorkommen.

South Street Seaport

Unter der Brooklyn Bridge hindurch gelangt man anschließend zur Fulton Street. Die früher eher zwielichtige Gegend hat eine erstaunliche Metamorphose durchgemacht. Auf dem einstigen Hafenareal etablierte sich mit dem **South Street Seaport** ein Shopping- und Freizeitzentrum mit tollem Blick auf die Brooklyn Bridge, Restaurants und über 100 Geschäften, darunter eine Filiale von **Abercrombie & Fitch** (s. Shopping, S. 140). Der legendäre Fulton Fish Market hat sich nun in der Bronx niedergelassen. Im **South Street Seaport Museum** 7 (12 Fulton St., Mi–So 11–17 Uhr) wird die maritime Geschichte New Yorks lebendig. Das Museum beherbergt die größte Flotte privat restaurierter historischer Schiffe in den USA. Über die South Street und die Wall Street gelangt man zum Ⓢ Wall St.

Touren im Anschluss: 1, 2, 4, 30

North Moore St.
Franklin St.
Franklin St
Western Union Bldg.
Hudson St.
W. Broadway
Leonard
White St.
Broadway
Cortland Al.
White St.
Canal St
Police Hq. Bldg.
LITTLE ITALY
Grand St
Bowery
Chrystie St.
Canal St.
Centre St.
Lafayette St.
Mulberry St.
Mus. of Chinese in the Americas
CHINA-TOWN
A.T. & T. Bldg.
J.K. Javits Fed. Bldg.
Courts
COLUMBUS PARK
Greenwich St.
Reade
Duane St.
Chambers St
Warren St.
Murray St.
Tweed Courth.
City H.
Afric. Burial Grounds
Chambers St
Pearl St.
5
U.S. Courthouse
Division St.
Chatham Sq.
City Hall
4
City Hall Park
Municipal Bldg.
Park Row
Woolworth Bldg.
Barclay St.
1
2
3
NYPD
6
St. James Pl.
St. Paul's Chapel
3
Church
Park Pl.
Park Row
B'klyn Br. City Hall
Brooklyn Bridge
Ave. of the Finest
Catherine St.
Market St.
Fulton
Dey St.
Fulton St
Broadwy Nassau
Frankfort St.
GOVERNOR SMITH HOUSES
Cherry St.
South St.
NYU Downtown Hospital
Gold St.
Fulton St
Broadwy Maiden
Cliff St.
Dover St.
Elevated Highway
Pine St.
Chase Manh Bank Bldg.
William St.
Maiden La.
Pearl St.
Water St.
Water St.
Front St.
Wall St.
NYSE
Federal Hall
Wall St
Exchange Pl.
Abercombie & Fitch
SOUTH STREET SEAPORT (HISTORIC DIST.)
South Street Seaport Museum
Brooklyn Bridge
William St.
Pearl St.
Water St.
Front St.
7
Pier 17
Exhibition of Historic Vessels
Citybank
Fraunces Tavern
N.Y. Police Museum
South St.
LOWER MANHATTAN
Downtown Manhattan Heliport
Pier 6
N
0
200 m

Tour 4

TriBeCa: Robert de Niros Lieblingsviertel

Washington Market Park › Western Union Building › Tribeca Film Center/Tribeca Grill › Nobu/Powell Building › Tribeca Grand Hotel/Church Lounge

Start: Ⓢ Chambers St. (Train A, C, 2)
Ziel: Ⓢ Canal St. (Train 1, 2)
Wann: gegen Nachmittag und abends
Distanz: 2,1 km

TriBeCa hat eine erstaunliche Wandlung hinter sich. Aus dem tristen Industriegebiet wurde ein schmucker Wohnbezirk, »the place to be«, wenn es nach der Zeitschrift Forbes geht. Kaum irgendwo in New York werden höhere Immobilienpreise erzielt. Die ideale Gegend, um abends in einem der In-Lokale zu sitzen und Leute zu schauen.

Philip Williams

TriBeCa (Triangle below Canal Street) ist untrennbar mit dem Namen Robert de Niro verbunden, der sich massiv in dem Stadtteil engagiert. Nach den Anschlägen vom 11. September 2001 rief de Niro in »seinem« darbenden Viertel das inzwischen renommierte Tribeca Film Festival ins Leben. Plakate längst nicht nur von Filmen mit de Niro hat **Philip Williams** 1 (s. Shopping, S. 144) im Sortiment. Der passionierte Sammler bezeichnet seinen Laden, in dem es etwa 1 Mio. Poster zu bestaunen (und zu kaufen) gibt, als Museum. Philip Williams ist ein typisches Beispiel für den erneuten Aufschwung von TriBeCa nach 9/11.

Die ehemaligen Fabrikgebäude und Lagerhallen des Viertels werden heute als Lofts und Ateliers genutzt. Auch Galerien und Einrichtungsgeschäfte wissen das großzügige Raumangebot zu schätzen. In TriBeCa liegen einige der besten Restaurants der Stadt. Ein erstes Ausrufezeichen in dieser Hinsicht setzt die **Blaue Gans** (139 Duane St., zw. W. Broadway/Church St., €€). Besitzer und Sternekoch Kurt Gutenbrunner hat sich hier der österreichischen Wirtshaustradition mit ausgezeichnetem Wiener Schnitzel und Apfelstrudel verschrieben.

Weiter auf der Duane Street in Richtung Westen und über den West Broadway hinweg führt der Weg zum **Washington Market Park** 2 (tgl 7–24 Uhr). Die hübsche kleine Anlage ist ein Paradies für Kinder, denen zahlreiche Spielgeräte zur Verfügung stehen. Über die Jay Street geht es zurück zur Hudson Street und zu einem der markantesten Gebäude von TriBeCa: Das im Art-déco-Stil errichtete **Western Union Building** 3 beeindruckt durch seine an europäischen Vorbildern orientierte Fassadenzier. Zurück an der Greenwich Street wartet zwischen Franklin und Moore Streets wahrscheinlich nicht Robert de Niro selbst, aber sein ambitioniertestes TriBeCa-Projekt: Das **Tribeca Film Center** 4 erwacht insbesondere dann zum Leben, wenn das jährliche Tribeca Film Festival seinen Verlauf nimmt. Für neugierige Filmfans ist allerdings beim Pförtner Endstation. Auch außerhalb der Filmsaison ist hier im **Tribeca Grill** (amerikanisch, €€€), an dem de Niro beteiligt ist, schwer ein Platz zu bekommen. Das Restaurant lebt von dem Image, regelmäßig von Stars wie Harvey Keitel frequentiert zu werden. Viele der Bilder an den Wänden sind Werke von de Niros Vater.

Western Union Bldg.

Robert de Niro scheint in TriBeCa überall seine Finger im Spiel zu haben. Auch bei dem berühmten Restaurant **Nobu** 5 (s. Restaurants, S. 137) und seiner informelleren Dependance **Nobu Next Door** unmittelbar nebenan mischte der Schauspieler unternehmerisch als Mitgründer mit. Der Edel-Japaner ist im 1892 errichteten **Powell Building** untergebracht. Für den Entwurf des repräsentativen Hochhauses im Beaux-Arts-Stil zeichnete das Architekturbüro Carrère & Hastings verantwortlich; auf Wunsch seines Auftraggebers sollte es einen Kontrast zu den billig hochgezogenen Fabrikhallen der Umgebung bilden.

MAL PAUSE MACHEN

Das kleinste **Naturkundemuseum** der Welt ist in einem Frachtaufzug untergebracht. Bei mehr als drei Besuchern wird es wegen Überfüllung geschlossen.

- 4 Cortlandt Alley, Franklin/White St., www.mmuseumm.com

Nach einem Schlenker über Leonard Street und Broadway geht es weiter in die Franklin Street. Diesen Abschnitt der Straße haben die Anbieter von Designermöbeln für sich erobert. Über Church und White Streets gelangt man zu einem Wahrzeichen des »neuen« TriBeCa: Auch wer sich keine Übernachtung im **Tribeca Grand Hotel** 6 (2 Ave. of the Americas, €€€) leisten will, ist in der **Church Bar** des Designhotels willkommen – die angesagte Restaurantbar ist ein idealer Platz, um Leute zu schauen.

Tribeca Grand Hotel

Über Moore und Varick Streets geht es anschließend zur Ⓢ Canal Street. Hier befindet sich **Tribeca Cinemas** (54 Varick St.), der wichtigste Veranstaltungsort des Tribeca Film Festival. Außerhalb der »Saison« kann er für besondere Events gemietet werden.

Touren im Anschluss: 5, 6

HUDSON
RIVER
PARK
WEST
VILLAGE
SOHO
TRIBECA
Holland Tunnel (Toll)
Pier 32
Pier 21
ROCKEFELLER
PARK
West Street
Highway
West Side
9A
2010
W. Houston St.
Houston St
W. Houston St.
Washington St.
Charlton St.
Spring St
Spring St
N.Y.C. Fire Museum
Chalk Point Kitchen
Canal St.
Broome St.
Ave. of the Americas
Thompson St.
Broadway
Desbrosses St.
Vestry St.
Wash. St.
Hudson St.
Canal St
Tribeca Cinemas
Varick St.
St. John's La.
West Broome St.
Grand St.
Greene St.
Hubert St.
Nobu/ Powell Bldg.
Ericson Pl.
Franklin St
Tribeca Grand H.
Canal St.
Canal St
North Moore St.
Tribeca Film Center/ Tribeca Grill
Franklin St.
Harrison St.
Western Union Bldg.
Walker
White St.
Franklin
Broadway
WASHINGTON MARKET PARK
Jay St.
Staple St.
Hudson St.
W. Broadway
Leonard
Lafayette St.
Courts
Centre St.
Chambers St.
Terr.
River
End
A.
Danube
Reade
Duane St.
A.T. & T. Bldg.
J.K. Javits Fed. Bldg.
Greenwich St.
Murray St.
Washington St.
Warren St.
Chambers St
City Hall
Afric. Burial Grounds
U.S. Courthouse
Philip Williams
Chambers St
North
Vesey
Tweed Courth.
City Hall
American Express
7 WTC
One World Trade Center
WFC
Barclay St.
Woolworth Bldg.
CITY HALL PARK
Municipal Bldg.
Park R.
NYPD
St. Paul's Chapel
Public Pl.
World Trade Center Site
(Redevelopment i.pr.)
WTC
Park Row
B'klyn Br. City Hall
Park Pl.
Gateway Plaza
S. End Ave.
WTC PATH-St.
Church
Fulton
Park
Frankfort St.
Dow Jones
Fulton St
Broadwy Nassau
Pace Univ.
NYU Downtown Hospital
Cortl. St
Fulton St Brdwy Maiden
St.
N
0
200 m
1
2
3
4
5
6

Tour 5

Kunst und Lifestyle in SoHo

NYC Fire Museum › Cast Iron Historic District › Dia Center for the Arts › Little Singer Building › New Museum of Contemporary Art

Start: Ⓢ **Houston St. (Train 1, 2)**
Ziel: Ⓢ **Broadway/Lafayette (Train B, D, F, M)**
Wann: **tagsüber**
Distanz: **4,4 km**

SoHo – kurz für South of Houston Street – erlebte einen kometenhaften Aufstieg vom heruntergekommenen Industriegebiet zum hippen In-Bezirk für Künstler und Bohemians. Von dem Boom profitiert auch NoHo, das Gebiet nördlich der Houston Street.

Feuer ist das erste Thema auf dieser Tour. Das **NYC Fire Museum** **1** (278 Spring St., tgl. 10–17 Uhr) muss sich nicht über einen Mangel an Besuchern beklagen. In einer ehemaligen Feuerwache von 1904 wird die Geschichte des Brandschutzes dokumentiert. Ein Feuer haben sich wohl auch die Stadtplaner in den späten 1960er-Jahren heimlich gewünscht, um ihre Probleme mit SoHo zu lösen. Bevor die Kreativen das Viertel eroberten, schien eine Sprengung der leer stehenden Fabriken und Lagerhäuser der letzte Ausweg zu sein. Dieser Maßnahme wären wohl auch die Cast-Iron-Buildings zum Opfer gefallen.

SoHo besitzt das weltweit größte Ensemble von Cast-Iron-Häusern. Bei diesen Bauten wurden einem Gerüst aus Stahlträgern vorgefertigte Fassadenteile aus Gusseisen vorgeblendet – eine schnelle und billige Bauweise, die zudem die Brandgefahr verringerte. Als Zugeständnis an den Zeitgeschmack ornamentierte man die Fertigbauteile und versah sie mit einem Anstrich. Im **Cast Iron Historic District** **2**, der sich vom W. Broadway zur Crosby Street und von der Houston bis zur Canal Street erstreckt, hat man rund 50 dieser Bauten unter Denkmalschutz gestellt.

Cast Iron Historic District

Einen Ruf besitzt SoHo auch als Künstlerhochburg. Fans der Serie »Sex and the City« werden sich erinnern: Charlotte arbeitete in einer Galerie. Die einschlägigen Szenen wurden in der **Louis K. Meisel Gallery** **3** (141 Prince St.) gedreht. Im **Dia Center for the Arts** (141 Wooster St.; Mo, Di, Anfang Juni–Anfang Sept. geschl.) ist seit 1980 Walter de Marias Earth Room zu sehen. Bei der Land-Art-Installation handelt es sich um einen 60 cm hoch mit Erde gefüllten Raum.

Modebewusste New Yorkerinnen mit Hang zur Extravaganz ziehen SoHo als Einkaufsadresse der Fifth Avenue vor. Zwar sind viele der hier ansässigen Designer inzwischen etabliert, nach wie vor findet man aber auch Ausgefallenes und Avantgardistisches. Die Greene Street mit ihren schönen Cast-Iron-Fassaden säumen Läden von **Anna Sui** (Nr. 113), **Todd + Duncan** (Nr. 54) und **Kiki de Montparnasse** (Nr. 79), auch die **Mimi Ferzt Gallery** (Nr. 81) hat hier ihren Sitz. Im **TUMI Store** (102 Prince St.) bekommt man die passenden Koffer und Reisetaschen, um die neu

TUMI Store

erworbenen Kostbarkeiten unterzubringen. Produkte dieses Herstellers sind bei den Amerikanern sehr beliebt. Fans der Produkte mit dem Apfel-Logo sollten sich den **Apple Store** 4 (103 Prince St., s. Shopping, S. 141) nicht entgehen lassen. Wenn der Kreditkartenrahmen beim Shopping noch nicht gesprengt wurde, bietet sich das angesagte Souterrain-Restaurant **The Mercer Kitchen** (99 Prince St., asiatisch-französisch, €€) zur Einkehr an.

MAL PAUSE MACHEN

Grün-Oase oder Skulpturenpark? Diese Frage bleibt beim **Elizabeth Street Garden** unbeantwortet. Auf jeden Fall ist das idyllische Fleckchen eine Entdeckung.
- Elizabeth St. zw. Prince und Spring St.

Beim **Little Singer Building** (561–563 Broadway) – »little«, weil es dem 41-stöckigen Hauptbau der Nähmaschinenfabrik nicht das Wasser reichen konnte – setzte Architekt Ernest Flagg 1904 eine zukunftsweisende Stahl-Glas-Konstruktion ein. Dass der Teufel Prada trägt, ist seit dem Film mit Meryl Streep bekannt. Aber auch für Normalsterbliche bietet sich in SoHo die Gelegenheit, bei Prada (575 Broadway) einzukaufen. Ein Abstecher in den Broadway führt zu Riesen-Filialen so beliebter Ketten wie Levi's, Old Navy und Banana Republic. Zum Anziehungspunkt entwickelte sich das **New Museum of Contemporary Art** 5 (235 Bowery, www.newmuseum.org, Di–So 10–18, Do bis 21 Uhr) In dem Bau, der aussieht, als hätte die Architektin Kazuyo Sejima hastig Bauklötze aufeinander gestapelt, wird auf 6000 m² zeitgenössische Kunst gezeigt (Mo, Di geschl.).

Dass das Gebiet nördlich der Houston Street das Potenzial hat als nächster Stadtteil groß herauszukommen, zeigt ein Spaziergang die Bowery hinauf. Das Szenelokal **Agozar** (324 Bowery, kubanisch, €) könnte sich so auch in SoHo befinden.

Touren im Anschluss: 6, 7, 8

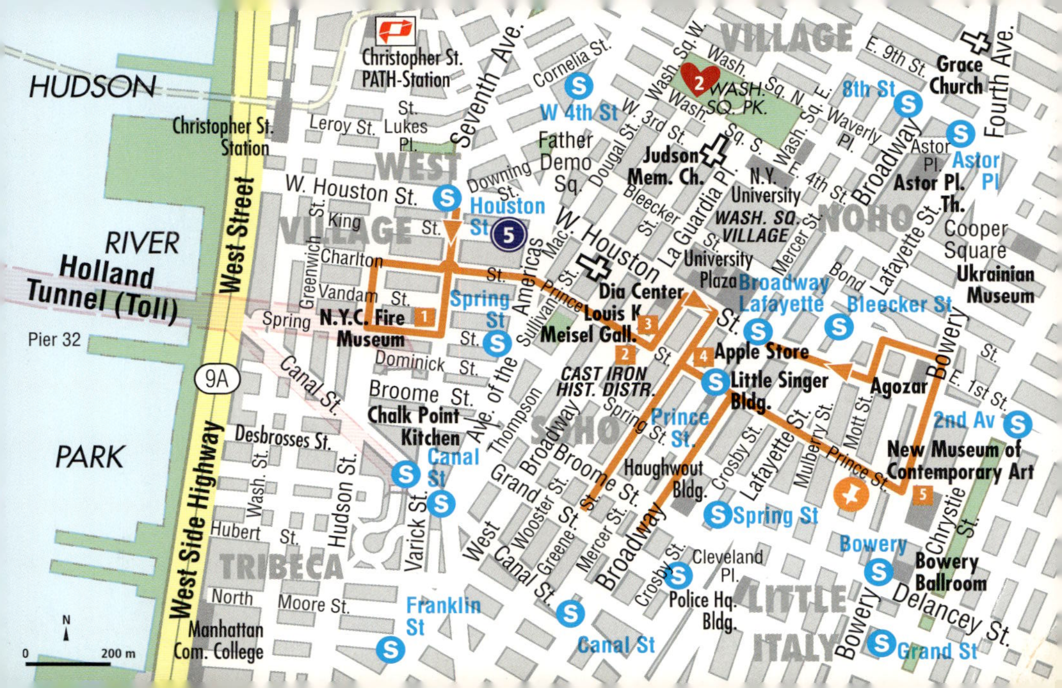
HUDSON
RIVER
PARK
Holland Tunnel (Toll)
Pier 32
West Street
West Side Highway
9A
Christopher St. PATH-Station
Christopher St. Station
WEST VILLAGE
VILLAGE
NOHO
SOHO
TRIBECA
LITTLE ITALY
N.Y.C. Fire Museum
Dia Center
Louis K. Meisel Gall.
Apple Store
Little Singer Bldg.
Agozar
New Museum of Contemporary Art
CAST IRON HIST. DISTR.
Haughwout Bldg.
Police Hq. Bldg.
Chalk Point Kitchen
Bowery Ballroom
Judson Mem. Ch.
Grace Church
WASH. SQ. PK.
N.Y. University
WASH. SQ. VILLAGE
University Plaza
Father Demo Sq.
Astor Pl. Th.
Cooper Square
Ukrainian Museum
Manhattan Com. College
W 4th St
8th St
Astor Pl
Houston St
Spring St
Canal St
Franklin St
Broadway Lafayette
Bleecker St
Prince St.
2nd Av
Bowery
Grand St
W. Houston St.
Seventh Ave.
Fourth Ave.
Broadway
Bowery
Delancey St.
Canal St.
Varick St.
Hudson St.
Ave. of the Americas
0 200 m
N

Tour 6

Welten für sich: Chinatown und Little Italy

Museum of Chinese in the Americas › Chatham Square › St. James Place › Church of the Transfiguration › Mahayana Buddhist Temple › St. Patrick's Old Cathedral

Start: Ⓢ Canal St. (Train N, Q, R)
Ziel: Ⓢ 2nd Ave. (Train F)
Wann: tagsüber, Start am besten zur Mittagszeit
Distanz: 3,1 km

In New York dauern Weltreisen nur wenige Stunden: Eben noch exotisches Treiben in Chinatown, dann ein Hauch von Mittelmeerflair in Little Italy. Das Déjà-vu-Erlebnis kommt in der Miniaturausgabe von Italien nicht von ungefähr – viele Filme wurden hier gedreht, darunter Teile von »Der Pate« und Martin Scorseses »Mean Streets«.

Wer die Metro verlässt, wähnt sich zunächst im falschen Film. Das Gewimmel auf beiden Seiten der Canal Street ist gewöhnungsbedürftig. Aus den Läden plärrt chinesische Musik, fliegende Händler bieten Raubkopien aktueller Kinohits auf DVD an. Die Geschichte der Chinesen in der Neuen Welt kann man im **Museum of Chinese in America** 1 (215 Centre St., www.mocanyc.org, Di bis So 11–18, Do bis 21 Uhr) in der Centre Street Revue passieren lassen. Der **Chatham Square** 2 (offiziell Kim Lau Square) bildet den südlichen Abschluss von Chinatown. Der **Kim Lau Memorial Arch** erinnert an die New Yorker chinesischer Abstammung, die in den Weltkriegen ihr Leben ließen. Einige verbliebene historische Häuser stehen in seltsamem Kontrast zu **Confucius Plaza,** einem großen Neubauprojekt am Nordende des Platzes. Unweit von Chatham Square, am **St. James Place,** ist ein Relikt aus den Gründungsjahren New Yorks erhalten geblieben. Der Friedhof der jüdischen Shearith-Israel-Gemeinde datiert bis ins Jahr 1656 zurück.

MAL PAUSE MACHEN

Schon mal vegetarisches Hühnchen gegessen? Bei einer Pause im **Buddha Bodai** haben Sie die Gelegenheit dazu. Auch die übrigen Gerichte auf der Karte sind weder Fisch noch Fleisch.
• 5 Mott St.

Bei einem Bummel durch Chinatown darf ein authentisches chinesisches Essen nicht fehlen. Die Qual der Wahl hat man in der Mott Street, der Hauptstraße des Viertels. Beliebt als Snack sind Dim Sum, gedämpfte oder frittierte gefüllte Teigtaschen. Sie werden von Kellnern auf Rollwagen immer wieder am Tisch vorbeigefahren, und man bedient sich so lange, bis man satt ist. Das **Mandarin Court** (s. Restaurants, S. 136) wahrt die Tradition, Dim Sum nur bis zum frühen Nachmittag zu servieren.

Für amerikanische Verhältnisse steinalt ist die **Church of the Transfiguration** 3. Der Bau der Kirche wurde 1801 von aus Deutschland geflüchteten Lutheranern veranlasst. Heute werden hier die Messen nicht nur in Englisch, sondern auch in Kantonesisch und Mandarin gelesen.

Mahayana Buddhist Temple

Zurück auf der Canal Street, geht es weiter in Richtung Osten. An der Auffahrt zur Manhattan Bridge hat der **Mahayana Buddhist Temple** 4 (133 Canal St., tgl 8.30 bis 18 Uhr) seinen Platz gefunden. Die Gläubigen scheint es nicht zu stören, dass auf dem größten Tempel Chinatowns ein Billboard

Reklame für alles Mögliche macht. Der riesige Buddha – angeblich der größte in New York – sitzt im Tempelinneren und lässt sich von dem hektischen Treiben ringsum nicht beirren.

Während sich Chinatown in alle Richtungen ausdehnt, schrumpft die italienische Gemeinde immer weiter – und macht dem Namen »Little Italy« so ungewollt alle Ehre. Heute konzentriert sich das Viertel auf die Mulberry Street und ihre direkte Umgebung. Little Italy mag im Wesentlichen aus nur einer Straße bestehen, die aber hat es in sich: In jedem Haus, so scheint es, wurde ein Delikatessengeschäft, Café oder Restaurant untergebracht. Ein Dauerbrenner ist **Il Palazzo** 5 (Nr. 151, €€) mit Garten im Hof; im **Pellegrino's** (Nr. 138, €€€) wird die feinere Küche zelebriert. Alljährlich um den 19. September feiert Little Italy zu Ehren des Heiligen Gennaro ein großes Straßenfest. Zahlreiche Stände laden zum Kaufen und Probieren ein, und der Reliquienschrein wird durch die Straßen getragen.

Il Palazzo

Um den Charme von Little Italy in sich aufzunehmen, empfiehlt sich ein Bummel über die Grand, Elisabeth und Kenmare Streets. Zurück auf der Mulberry Street, wartet dann noch ein kulturelles Highlight: Der Grundstein für die **St. Patrick's Old Cathedral** 6 wurde bereits 1809 gelegt, das Gotteshaus war damit die erste Kathedrale der Stadt. Nach heutigen Maßstäben wirkt die 36 m lange und 24 m breite Kirche eher bescheiden, vor 200 Jahren muss der Bau aber imponiert haben. Die 1852 gebaute Orgel, eine Erben 3–41, wird heute noch bei den Gottesdiensten eingesetzt.

Touren im Anschluss: 5, 7, 8

WASH. SQ. PK.
W 4th St
Father Demo Sq.
Judson Mem. Ch.
W. 3rd St.
Wash. Sq. S.
Wash. Sq. E.
8th St
Astor Place Th.
Astor Pl
Fourth Ave.
Cooper Union Found. Bldg.
Second Ave.
N.Y. University
NOHO
WASH. SQ. VILLAGE
Bleecker St.
La Guardia Pl.
W. Houston St.
University Plaza
Broadway
Lafayette St.
Cooper Square
St. George Academy
St. Mark's Pl.
Ukrainian Museum
First Ave.
Bleecker St
Broadway Lafayette
Bowery
VILLAGE
SOHO
Russian Orthodox Cathedral
E. 4th St.
West Broadway
E. 1st St.
St. Patrick's Old Cathedral
Prince St.
Spring St.
Mott St.
2nd Av
VIEW
Mulberry St.
Elizabeth St.
Crosby St.
Broome St.
Haughwout Bldg.
Prince St.
New Museum of Contemporary Art
E. Houston St.
Chrystie St.
Spring St
Kenmare St.
Mercer St.
Bowery
Allen St.
Orchard St.
Essex St.
Canal St
Cleveland Pl.
Bowery Ballroom
BOWERY
Howard St.
Police Hq. Bldg.
LITTLE
Delancey St
Il Palazzo
Delancey St.
Mus. of Chinese in America
Baxter St.
Grand St
Pellegrino's
Lower East Side Tenement Museum
Broome St.
Essex St
Suffolk St.
Hester St.
ITALY
Canal St.
Lafayette St.
Centre St.
Eldridge
Ludlow St.
Grand St.
Courts
Mandarin Court
Mahayana Buddhist Temple
COLUMBUS P.
CHINA-TOWN
LOWER
SEWARD PARK
Ch. of the Transfiguration
Bayard St.
Canal St.
E Broadway
U.S. Courthouse
Buddha Bodai
Division St.
Eldridge St. Synagogue
E. Broadway
Chatham Sq.
Henry St.
Park Row
EAST
Clinton St.
NYPD
St. James Pl.
Rutgers St.
SIDE
Jüd. Friedhof
Catherine St.
Monroe St.
Market St.
RUTGERS HOUSES
N
0
200 m

Tour 7

Lower East Side: Das jüdische New York

Seward Park › Eldridge Street Synagogue › Puchao Buddhist Temple › Kehila Kedosha Janina Synagogue and Museum › Lower Eastside Tenement Museum

Start: Ⓢ E. Broadway (Train F)
Ziel: Ⓢ 2nd Ave. (Train F)
Wann: bei schönem Wetter, täglich außer Sa (jüdisches Wochenende)
Distanz: 3,1 km

Einst war die Lower East Side die Hochburg der Juden in New York, wovon Synagogen, Tuchhandlungen und jüdische Bäckereien noch heute zeugen. Inzwischen hat sich Chinatown nach Osten ausgedehnt, und auch viele Hispanics lassen sich in der Region nieder. Ein faszinierender Mix unterschiedlicher Kulturen ist die Folge.

Eldridge Street Synagogue

Der erste Eindruck von der Lower East Side entspricht so gar nicht dem Klischee eines jüdisch geprägten Stadtteils: Im **Seward Park** 1, früher Treffpunkt Arbeit suchender Einwanderer, führen Chinesen ihre Tai-Chi-Übungen durch. An das jüdische Erbe im Viertel erinnert aber wenig weiter **Kossar's Bialys** 2 (367 Grand St.), die älteste Bialy-Bäckerei in den USA. Polnische Einwanderer brachten das Rezept für die pikant gefüllten Hefebrötchen mit, die heute eine New Yorker Spezialität darstellen. Die **Eldridge**

Street Synagogue 3 (12 Eldridge St., www.eldridgestreet.org, So–Do 11–17, Fr 11–15 Uhr, Touren zur vollen Stunde) ist die größte von einst über 300 Synagogen, deren Gemeinden jedoch stark geschrumpft oder verschwunden sind. Ein Besuch des angeschlossenen Museums beinhaltet eine Tour durch das mit maurischen Stilelementen versehene Bethaus. Gleich neben der Synagoge steht – bezeichnend für die Lower East Side – der kleine **Puchao Buddhist Temple.**

Der **Harris Levy Linen Store** 4 an der Forsyth Street entwickelte sich bald nach der Eröffnung 1894 zu einer der führenden Tuchhandlungen New Yorks – und gehört heute zu den letzten Vertretern dieser Geschäftsgattung. Die **Kehila Kedosha Janina Synagoge** 5 (280 Broome St., www.kkjsm.org, So 11–16 Uhr) wurde 1927 von Romanioten erbaut und ist heute das einzige Gotteshaus dieser aus Griechenland stammenden Splittergruppe des Judentums. Ein kleines Museum informiert über ihre 2000 Jahre alte Kultur. Bei Lunchtouren führt die Museumsdirektorin durch die Synagoge und lädt anschließend zu einer koscheren Mahlzeit ein.

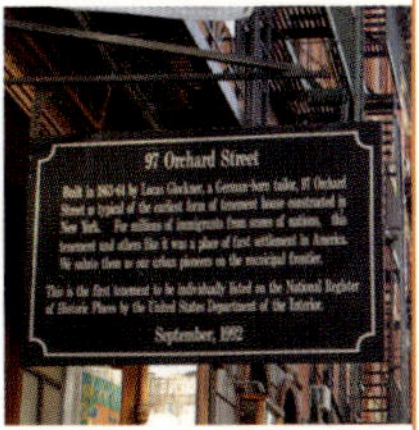

Orchard Street

In der Hausnummer 103 der Orchard Street befindet sich das Visitor Center des **Lower East Side Tenement Museums** 6 (97 Orchard St., www.tenement.org, 10–18.30, Do bis 20.30 Uhr), von dem aus Touren zu den Tenementhäusern starten. Diese Mietshäuser wurden ab 1860 schnell und billig hochgezogen, um Unterkünfte für die massenhaft eintreffenden Einwanderer zu schaffen. Das Museum selbst hat in der Hausnummer 97 seinen Sitz. In dem Tenement Building von 1863/64 geben rekonstruierte Wohnräume, Filme, Fotos und andere Medien eine Vorstellung von den Lebensbedingungen der Immigranten. Die Schicksale verschiedener Einwandererfamilien werden exemplarisch vorgestellt. Die Museumsbetreiber ergänzen ihre Tour auch durch Sonderausstellungen mit multimedialen Elementen. Sonntags wird die Orchard Street zwischen Delancey und E. Houston Streets für Autos gesperrt. Dann kann man im sog. Bargain District ungestört auf Schnäppchenjagd gehen – Boutiquen, Juweliere, Schuh- und Accessoiregeschäfte locken mit günstigen Angeboten.

Sollte es beim Shopping Abend geworden sein, bietet es sich an, gleich noch einen Kneipenbummel anzuschließen. An der Rivington Street sollte man zunächst dem futuristischen **Hotel on Rivington** (Nr. 107) einen Blick gönnen, bevor man seine Wahl unter den zahlreichen Bars, Cafés und Restaurants entlang der Clinton Street trifft. Lob von den Gästen heimst **Frankie's 17: Manhattan** (Nr. 17, italienisch, €) ebenso ein wie die **Clinton Street Baking Co.** (Nr. 4, amerikanisch, €€).

Sunshine Cinema

An der Houston Street wartet noch ein Höhepunkt im doppelten Wortsinn: **Katz's Delicatessen** 7 (s. Restaurants, S. 136) war Schauplatz der berühmten Orgasmusszene im Film »Harry und Sally«. Auch die **Mercury Lounge** (Nr. 217) ein paar Häuser weiter verdient Beachtung.

In dem angesehenen Rockklub traten schon Lou Reed, die Dandy Warhols oder Tony Bennett auf. Für Cineasten ist das **Sunshine Cinema** 8 (Nr. 143), ein Programmkino alter Schule – eine gute Adresse.

MAL PAUSE MACHEN

Einen solch riesigen Biosupermarkt haben Sie wahrscheinlich noch nie zuvor gesehen. In **Whole Foods Market** kann man die gesunden Köstlichkeiten auch gleich an Ort und Stelle verzehren.
• 95 E Houston St.

Touren im Anschluss: 5, 6, 8

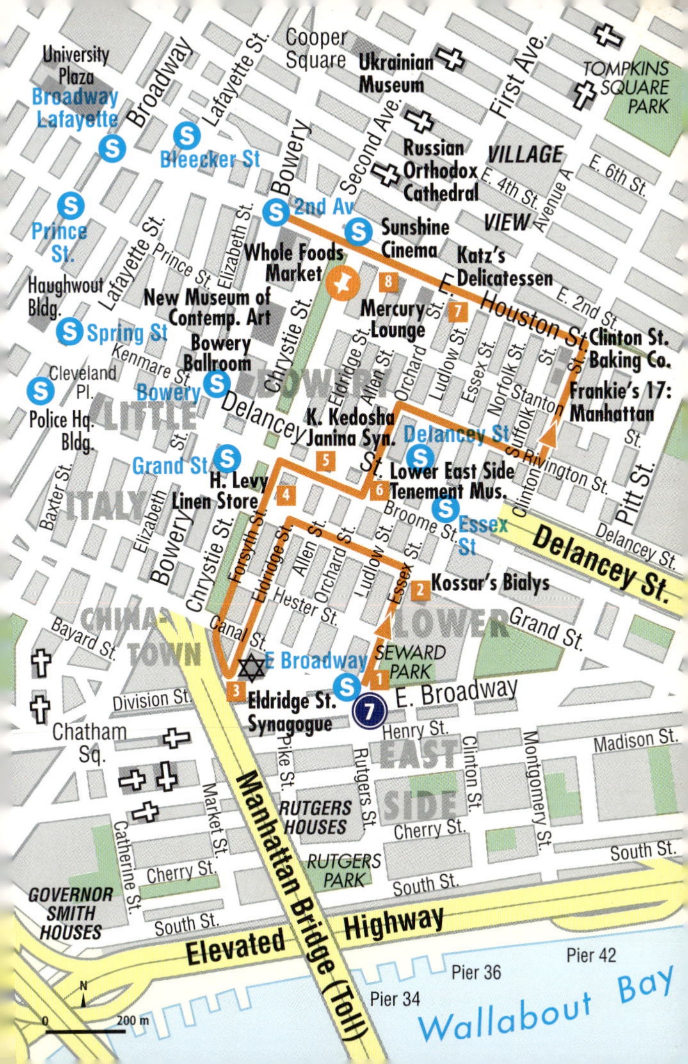
University Plaza
Broadway Lafayette
Broadway
Lafayette St.
Cooper Square
Ukrainian Museum
First Ave.
TOMPKINS SQUARE PARK
Bleecker St
Bowery
Second Ave.
Russian Orthodox Cathedral
VILLAGE
E. 4th St.
Avenue A
E. 6th St.
Prince St.
2nd Av
Sunshine Cinema
VIEW
Elizabeth St.
Lafayette St.
Prince St.
Whole Foods Market
Katz's Delicatessen
E. 2nd St.
Haughwout Bldg.
New Museum of Contemp. Art
8
Mercury Lounge
7
E. Houston St
Clinton St. Baking Co.
Spring St
Chrystie St.
Bowery Ballroom
Eldridge St.
Allen St.
Orchard St.
Ludlow St.
Essex St.
Norfolk St.
Suffolk St.
Stanton St.
Frankie's 17: Manhattan
Kenmare St.
Cleveland Pl.
Bowery
BOWERY
Delancey St.
K. Kedosha Janina Syn.
Delancey St
Police Hq. Bldg.
LITTLE ITALY
Grand St
5
Lower East Side Tenement Mus.
Rivington St.
Clinton St.
Pitt St.
H. Levy Linen Store
4
6
Broome St.
Essex St
Delancey St.
Baxter St.
Elizabeth St.
Bowery
Chrystie St.
Forsyth St.
Eldridge St.
Allen St.
Orchard St.
Ludlow St.
Essex St.
2
Kossar's Bialys
Delancey St.
Hester St.
Grand St.
CHINATOWN
Bayard St.
Canal St.
E Broadway
SEWARD PARK
LOWER
1
3
Eldridge St. Synagogue
7
E. Broadway
Division St.
Chatham Sq.
Henry St.
Pike St.
Rutgers St.
Clinton St.
Montgomery St.
Madison St.
EAST SIDE
Market St.
Manhattan Bridge (Toll)
RUTGERS HOUSES
Cherry St.
Catherine St.
Cherry St.
RUTGERS PARK
South St.
South St.
GOVERNOR SMITH HOUSES
South St.
Highway
Elevated
Pier 42
Pier 36
Pier 34
Wallabout Bay
N
0
200 m

Tour 8

East Village: Bastion der Gegenkultur

Astor Place › Merchant's House Museum › Ukrainian Museum › St. Mark's in the Bowery › Tompkins Square Park › New York Theater Workshop

Start: Ⓢ Astor Place (Train 4, 6)
Ziel: Ⓢ 2nd Ave./Lower East Side (Train F)
Wann: tagsüber
Distanz: 3,8 km

Im Westen vielleicht nichts Neues – wohl aber im Osten. Das East Village, genau genommen die nördliche Fortsetzung der Lower East Side hat sich zum alternativen Trendbezirk entwickelt. Vor allem rund um den Tompkins Square haben zahlreiche schicke Boutiquen und Cafés eröffnet – das Viertel hat jedoch noch viel von seinem einstigen anarchischen Flair bewahrt.

Blue Man Group

Das East Village hat Höhen und Tiefen erlebt. Aus »Klein Deutschland«, an das noch heute viele Hausinschriften erinnern, entwickelte sich eine Enklave der Osteuropäer, dann eine Hochburg der Beatniks, später der Hippies. Östlich der 1st Avenue verkam der Bezirk, bis aus SoHo wegen der exorbitanten Kosten vertriebene Kreative das Heft in die Hand nahmen. Ein gutes Beispiel für die Rolle, die das East Village in Sachen Kultur einnimmt, sind drei seltsame Blauköpfe: Die **Blue Man Group** (s. Nightlife, S. 146) verdiente sich im **Astor Place Theater** erste Lorbeeren.

Dass die Kunst im Viertel von jeher eine todernste Angelegenheit war, zeigte sich im Mai 1849. Ein Schauspieler hatte sich abfällig über einen Kollegen geäußert. Hunderte Fans der Darsteller prügelten sich daraufhin am **Astor Place** 1, die Polizei schoss in die Menge, 19 Menschen starben. Heute dient die Verkehrsinsel insbesondere Skateboard-Fahrern als Treffpunkt.

Der Weg führt auf der Lafayette Street nach Süden zur E. 4th Street. Hier lädt das **Merchant's House Museum** 2 (29 E. 4th St., merchantshouse.org, Fr–Mo 12–17, Do bis 20 Uhr) zu einer Zeitreise ein. Nicht nur der klassizistische Backsteinbau selbst, auch die Inneneinrichtung stammt aus dem frühen 19. Jh., als sich das Haus im Besitz der reichen Kaufmannsfamilie Tredwell befand. Das **Ukrainian Museum** 3 (222. E. 6th St, www.ukrainianmuseum.org, Mi–So 11.30–17 Uhr) zeigt ukrainische Volkskunst, u.a. 900 Pysanky, kunstvoll bemalte Ostereier.

Die 1799 erbaute Kirche **St. Mark's in the Bowery** 4 steht spätestens seit den 1950er-Jahren der alternativen Szene offen. Fortschrittliche Pastoren ließen hier Beatnikdichter lesen, in der Hippieära traten Liedermacher und Schauspieler auf. Heute engagiert sich St. Mark's für Projekte in den Bereichen Tanz, Theater und Literatur, so das Tanztheater Danspace Project, das Poetry Project und das Ontological Hysteric Theater. Nachdem Patti Smith 1971 beim Poetry Project gelesen hatte, startete ihre Karriere als Rock'n'Roll-Musikerin voll durch.

St. Mark's Place gilt heute als Hauptstraße des East Village. Ein Beispiel für die gastronomische Vielfalt des Viertels ist

Momofuku (171 1st Ave., japanisch, €€). Das winzige Lokal ist auf Ramen spezialisiert, die außerhalb Japans vorwiegend als Instant-Snack bekannte Nudelsuppe.

Bereits seit 1892 laden die **Russian and Turkish Baths** 5 zum Entspannen im Dampfbad und zu lockernden Massagen ein. Russischer Tradition entstammt die Platza-Behandlung, bei

der der Körper mit frischem Eichenreisig abgeklopft wird. Im angeschlossenen Restaurant kann man sich danach mit Borscht und Blini stärken. Mit dem **Tompkins Square Park** 6 (500 E. 9th St., Mo–Fr 8–17 Uhr) beginnt Alphabet City, so benannt, weil die Avenues hier statt durch Zahlen durch Buchstaben gekennzeichnet werden. Der Park selbst, früher etwas zwielichtig, ist heute auf 62 000 m² eine familienfreundliche Oase. Sein Hundeauslauf, nach Größe der Vierbeiner in verschiedene Zonen unterteilt, gilt als bester der Stadt. Es gibt Spielplätze, und auch Baseball- und Basketballspieler kommen zu ihrem Recht. Über Avenue A und E. 3rd Street führt der Weg zurück auf die 1st Avenue und damit in die Welt der Zahlen.

Vorletzte Station der Tour ist der **New York Theatre Workshop** 7. Das Off-Broadway-Theater macht immer wieder durch spektakuläre Produktionen von sich reden, u.a. wurde hier das Musical »Rent« uraufgeführt.

MAL PAUSE MACHEN

Im **Anyway Café** kann man sich nicht nur vom Trubel erholen, sondern auch interessante Getränke ausprobieren, etwa einen Lychee-Vodka. Nur Mut!
- 34th 2nd St./Ecke 2nd Ave.

Im **Bowery Poetry Club** 8 (308 Bowery) versuchen sich die Lyrik-Helden von morgen schon heute an gewagter Wortakrobatik.

Touren im Anschluss: 5, 7, 9, 10

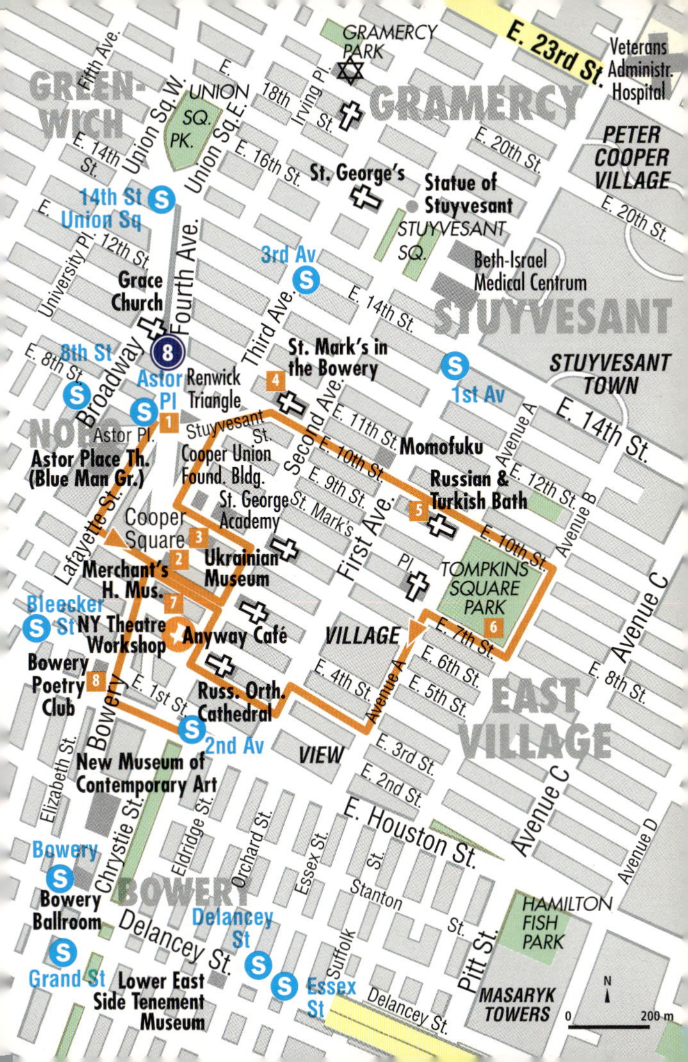
GRAMERCY PARK
E. 23rd St.
Veterans Administr. Hospital
GREENWICH
Fifth Ave.
E. 18th St.
Irving Pl.
GRAMERCY
UNION SQ. PK.
Union Sq.W.
Union Sq.E.
E. 14th St.
E. 16th St.
St. George's
E. 20th St.
PETER COOPER VILLAGE
14th St Union Sq
Statue of Stuyvesant
STUYVESANT SQ.
E. 20th St.
E. 12th St.
University Pl.
Fourth Ave.
3rd Av
Beth-Israel Medical Centrum
Grace Church
Third Ave.
E. 14th St.
STUYVESANT
8
E. 8th St.
8th St
Broadway
Astor Pl
St. Mark's in the Bowery
4
1st Av
STUYVESANT TOWN
Renwick Triangle
1
Stuyvesant St.
Second Ave.
E. 11th St.
E. 14th St.
NOHO
Astor Pl.
Momofuku
Avenue A
Astor Place Th. (Blue Man Gr.)
Cooper Union Found. Bldg.
E. 10th St.
E. 9th St.
Russian & Turkish Bath
E. 12th St.
Lafayette St.
St. George Academy
St. Mark's Pl.
First Ave.
5
Avenue B
Cooper Square
3
E. 10th St.
2
Ukrainian Museum
TOMPKINS SQUARE PARK
Merchant's H. Mus.
Avenue C
Bleecker St
7
6
NY Theatre Workshop
Anyway Café
VILLAGE
E. 7th St.
Bowery Poetry Club
8
E. 4th St.
E. 6th St.
E. 8th St.
Bowery
E. 1st St.
Russ. Orth. Cathedral
Avenue A
E. 5th St.
EAST VILLAGE
2nd Av
E. 3rd St.
Elizabeth St.
New Museum of Contemporary Art
VIEW
E. 2nd St.
Avenue C
Chrystie St.
Eldridge St.
Orchard St.
E. Houston St.
Essex St.
Avenue D
Bowery
BOWERY
Stanton St.
Bowery Ballroom
Delancey St.
Delancey St
HAMILTON FISH PARK
Suffolk
Pitt St.
Grand St
Lower East Side Tenement Museum
Essex St
Delancey St.
MASARYK TOWERS
N
0
200 m

Tour 9

Flatiron District: Drei Parks in Manhattan

Union Square › Gramercy Park › Madison Square Park › Metropolitan Life Insurance Company Tower › Flatiron Building

Start: Ⓢ 14th St./Union Square (Train L, N, Q, 4, 5, 6)
Ziel: Ⓢ 23rd St. (Train N, Q, R)
Wann: bei schönem Wetter; Mo, Mi, Fr und Sa ist auf dem Union Square Greenmarket
Distanz: 2,2 km

Gegensätze, wie sie größer kaum sein könnten: hier der Union Square, immer wieder Versammlungsort für Tausende, dort der Gramercy Park, zugänglich nur für Bewohner der Luxusimmobilien ringsum. Der Spaziergang durch das Herz von Manhattan ist auch eine Reise in die Geschichte eines seiner beliebtesten Viertel.

MAL PAUSE MACHEN

Auf dem **Union Square** findet der ungemein beliebte **Greenmarket** statt, auf dem Farmer aus dem Umland ihre Erzeugnisse anbieten. Die erstandenen Köstlichkeiten lassen sich in einer ruhigen Ecke des Marktes verzehren.
- Mo, Mi, Fr und Sa 8–18 Uhr

Jede amerikanische Stadt, die etwas auf sich hält, hat einen Union Square. New York macht da natürlich keine Ausnahme. Der **Union Square** 1 sah 1861 nach dem Fall von Fort Sumter im Bürgerkrieg die größte Menschenmenge, die bis dahin je zu einer Kundgebung zusammengeströmt war. Seine Funktion als Versammlungsplatz behielt er bis heute bei – nach den Anschlägen vom 11. September 2001 trafen sich hier die Trauernden. Blickfang des Platzes ist eine Reiterstatue von George Washington. Hier warten zunehmend Schachspieler auf

Zufallsgegner. Spaßig, aber auch gefährlich, denn die Profis wollen um Geld spielen, da ist Vorsicht geboten. Der kleine grüne Bereich des Union Square war früher Privatbesitz der reichen Hausbewohner der Umgegend. Heute leben die, die es sich leisten können, in den **Zeckendorf Towers** im Südosten des Platzes, wo eine Dreizimmerwohnung zig Mio. Dollar kostet.

Wem nach all dem Gemüse auf dem Greenmarket der Sinn nach Fleischernem steht, der steuert Irving Place an. Dort begrüßt **Pete's Tavern** 2 (129 E. 18th St., amerikanisch-italienisch, €€) seit 1864 Gäste. Selbst die Prohibition konnte dem traditionsreichen Pub nichts anhaben – hinter der Tarnung eines Blumenladens lief der Schankbetrieb weiter. Der Häuserblock zwischen Irving Place, 3rd Avenue, E. 18th Street und Gramercy Park wird wegen seiner schönen Architektur aus den 1920er-Jahren auch **Block Beautiful** genannt. Irving Place endet am **Gramercy Park** 3, der an einen Londoner Square erinnert – die hübschen Backsteinbauten, die ihn umranden, könnten genauso in England stehen. Die Grünanlage im Zentrum kann nur von außen bewundert werden. Ihre Nutzung ist Anwohnern und Gästen des nahen Gramercy Park Hotels vorbehalten.

Wer nun eine Stärkung braucht, kann im hoch gelobten Restaurant **Aleo** 4 einkehren. Wenn es ein bisschen edler sein soll, empfiehlt sich die **Gramercy Tavern** (s. Restaurants, S. 134/135). Anschließend führt die Tour weiter zum **Madison Square Park** 5 (Madison Ave, tgl. 6 bis 24 Uhr). Wie der Gramercy Park war die Anlage bis 1860 ein Privatpark, wurde aber später der Öffentlichkeit zugänglich gemacht. Bis 1925 stand hier der berühmte Madison Square Garden, eine populäre Ver-

Madison Square Park

gnügungsstätte. Im Norden des Platzes lohnt das **Museum of Sex** (233 5th Ave., www.museumofsex.com, tgl. 10–20, Fr, Sa bis 21 Uhr) einen Besuch. Es beschäftigt sich unter wechselnden Aspekten mit der menschlichen Sexualität. Im Museumsshop gibt es einige ganz und gar außergewöhnliche Souvenirs.

Der Süden des Madison Square Park ist für Architekturfans interessant. Im Südosten steht der **Metropolitan Life Insurance Company Tower** 6 (oder Met Life Tower). Mit einer Höhe von 213 m und 52 Stockwerken war er bis zur Fertigstellung des Woolworth Building 1913 das höchste Gebäude der Welt; für den 1909 fertig gestellten Turm diente der Campanile von St. Markus in Venedig als Vorbild. Der Met Life Tower war ursprünglich mit sog. Tuckahoe Marmor verkleidet. Bei der Renovierung 1964 verwendete man an seiner Stelle Kalkstein und ersetzte auch den Bauschmuck im Stil der Neorenaissance durch glatte, moderner wirkende Oberflächen. Im Vergleich zum Met Life Tower wirkt das **Flatiron Building** 7 im Südwesten von Madison Square Park geradezu klein. Die New Yorker begleiteten 1902 die Fertigstellung des ersten Wolkenkratzers mit skeptischen Kommentaren. Ein Gebäude dieser Größe, so hieß es, würde beim ersten Windstoß umfallen. Dass die Befürchtungen der Kritiker nicht eintraten, liegt daran, dass für das Flatiron Building erstmals die Stahlskelett-Bauweise eingesetzt wurde. Die dreieckige, an ein Bügeleisen *(flatiron)* erinnernde Form des Gebäudes resultiert übrigens aus seiner Lage auf einem spitzwinkligen Grundstück.

Flatiron Building

Touren im Anschluss: 13, 14

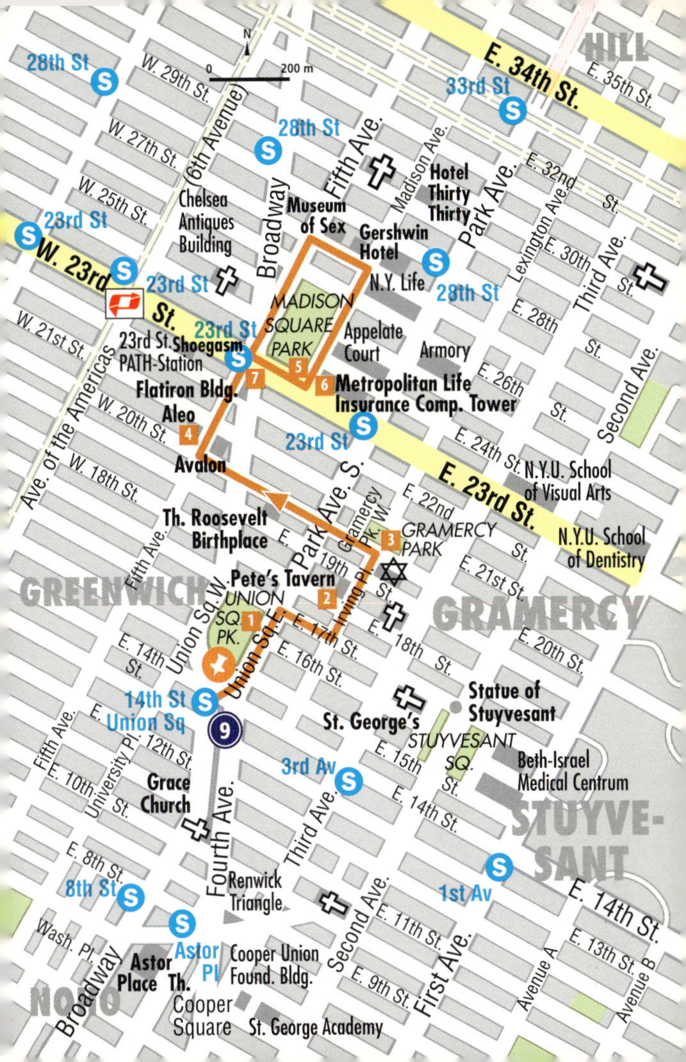

HILL
E. 34th St.
E. 35th St.
33rd St
28th St
W. 29th St.
0
200 m
N
W. 27th St.
28th St
(6th Avenue)
Fifth Ave.
Madison Ave.
Hotel Thirty Thirty
Park Ave.
E. 32nd St.
Lexington Ave.
W. 25th St.
Chelsea Antiques Building
Broadway
Museum of Sex
Gershwin Hotel
23rd St
W. 23rd St.
23rd St
N.Y. Life
28th St
E. 30th St.
Third Ave.
MADISON SQUARE PARK
Appelate Court
Armory
E. 28th St.
W. 21st St.
23rd St. PATH-Station
Shoegasm
23rd St
Flatiron Bldg.
Metropolitan Life Insurance Comp. Tower
E. 26th St.
Second Ave.
W. 20th St.
Aleo
23rd St
Ave. of the Americas
W. 18th St.
Avalon
Park Ave. S.
Gramercy Pk. W.
E. 22nd St.
E. 24th St.
N.Y.U. School of Visual Arts
E. 23rd St.
N.Y.U. School of Dentistry
GRAMERCY PARK
Th. Roosevelt Birthplace
E. 19th St.
Irving Pl.
E. 21st St.
GREENWICH
Pete's Tavern
Fifth Ave.
Union Sq. W.
UNION SQ. PK.
Union Sq. E.
E. 17th St.
E. 18th St.
GRAMERCY
E. 20th St.
E. 14th St.
E. 16th St.
Statue of Stuyvesant
14th St
Union Sq
St. George's
STUYVESANT SQ.
E. 15th St.
Beth-Israel Medical Centrum
Fifth Ave.
University Pl.
E. 12th St.
E. 10th St.
Grace Church
Fourth Ave.
3rd Av
Third Ave.
E. 14th St.
STUYVE-SANT
E. 8th St.
8th St
Renwick Triangle
Second Ave.
E. 11th St.
1st Av
First Ave.
E. 14th St.
E. 13th St.
Wash. Pl.
Astor Place Th.
Astor Pl
Cooper Union Found. Bldg.
E. 9th St.
Avenue A
Avenue B
NOHO
Broadway
Cooper Square
St. George Academy
1
2
3
4
5
6
7
9

Tour 10

Studentisches Flair in Greenwich Village

Gotham Bar and Grill › Jefferson Market Library › Washington Mews › Washington Square Park

Start: Ⓢ 6th Ave.–14th St. (Train L), Ausgang 14th St.
Ziel: Ⓢ W. 4th St. (Train A, B, C, D, E, F, M)
Wann: am späten Nachmittag/gegen Abend
Distanz: 2,8 km

So gar nicht ins hektische New York will die Gegend rund um den Washington Square Park passen. Besonders Studenten drücken dem einstigen »Dorf« ihren Stempel auf. Von deren unbeschwerterer Art, das Leben zu leben, kann man sich im Park selbst oder in den umliegenden Kneipen und Restaurants anstecken lassen.

MAL PAUSE MACHEN

Burgerfans kommen bei **Five Guys** auf ihre Kosten. Die Burger werden individuell nach Bestellung gebrutzelt. Ausruhen und schmausen!
• 56 West 14th St.

Die Bewohner von Greenwich Village sind, nun ja, ein wenig eigen. Und so war ihnen eine der skurrilsten Touristenattraktionen des Viertels irgendwie immer ein Dorn im Auge: Die **Forbes Magazine Galleries** an der 5th Avenue demonstrierten eindrucksvoll, dass die Zeitschrift nicht nur über Reiche schreibt, sondern selbst auch nicht ganz mittellos ist. Zu den Preziosen des Museums gehörten zwölf unbezahlbare Fabergé-Eier, 10 000 Zinnsoldaten und 500 Spielzeug- und Modellschiffe. Berühmt waren die Forbes Galleries auch für ihre Sammlung alter Monopoly-Spiele – waren, denn zur Zeit ist die Ausstellung geschlossen. »Dauerhaft«, heißt es auf der Webseite, ganz bestimmt doch nicht so dauerhaft, unken (und hoffen) die New

Yorker – ironischerweise jetzt auch die Villagers. Es kann also nicht schaden, an der Adresse 62 5th Ave. zu schauen, ob das etwas andere Museum wieder geöffnet ist. Ob mit oder ohne Forbes Galleries besticht die Gegend weniger durch Glanz und Glamour, sondern durch die unbeschwerte Lebensart ihrer Bewohner und durch reizende alte Häuser und gemütliche Lokale.

Dennoch kann man in einigen Restaurants des Viertels leicht eine dreistellige Dinnerrechnung produzieren, z. B. bei **Gotham Bar and Grill** 1 (12 E. 12th St., amerikanisch, €€€). Das Lokal wurde sogar schon mit dem Titel »Most outstanding Restaurant in the Nation« gekürt. Gegen diese Kategorisierung dürfte u. a. das **Strip House** (s. Restaurants, S. 138) etwas haben. Das Steakhouse wirkt nur auf den ersten Blick anrüchig, dann merkt man, dass die Inhaber mit den Vorurteilen der Gäste spielen. Einen Block weiter verbreitet die schmucke E. 11th Street die typische Village-Atmosphäre, die an eine US-Kleinstadt erinnert: top in Schuss gehaltene zweistöckige Häuser mit Treppenaufgängen, auf denen Nachbarn ein Schwätzchen halten, üppig begrünte Vorgärten, Bäume zwischen Straße und Fußgängerwegen. Gut ins Bild passt da das Gebäude der **Jefferson Market Library** 2 an der Sixth Avenue – wegen seines reichen Bauschmucks im Stil venezianischer Neogotik wird es auch »New Yorks Neuschwanstein« genannt.

Jefferson Market Library

Über W. 9th Street, Fifth Avenue, E. 8th Street und University Place arbeitet man sich nun in das studentische Zentrum von Greenwich Village vor. Ein beliebtes Fotomotiv sind die Häuser in der kleinen Kopfsteinpflasterstraße **Washington Mews** 3. Die einstigen Stallungen wurden in teuren Wohnraum umgewandelt; auch verschiedene Universitätsinstitute haben hier ihren Sitz. An schönen Tagen scheint es, als sei im **Washington Square Park** 4 das ganze Village versammelt. Schachspieler warten auf würdige Gegner, Gitarrenspieler hoffen auf eine Karriere wie die von Bob Dylan, Handleser versprechen einen Blick in die Zukunft, im Dog Run toben die Hunde. Etwas fehl am Platz wirkt der 23 m hohe **Washington Square Arch.** Zunächst stand an seiner Stelle ein Triumphbogen aus Holz, der an den 100. Geburtstag von George Washington erinnerte. Das Provisorium erwies sich jedoch als so beliebt, dass es 1892 durch eine dauerhafte Lösung aus Marmor ersetzt wurde. Den Platz säumen Gebäude der 1831 gegründeten New York University, Amerikas größter privater Hochschule. Im Umfeld des Washington Square Park laden zahllose Restaurants und Kneipen zu einer Pause ein, wobei es in Richtung Süden dank der Studenten ein Preisgefälle gibt. Von der einfachen Pizzeria bis zum edlen japanischen Restaurant reicht das Angebot. Längst mehr als nur ein Geheimtipp ist dabei **Peanut Butter & Co** (240 Sullivan Street, €€), in dem individuell belegte Sandwiches angeboten werden.

»Classic Rock« verspricht ein Holzschild über der Tür des **Café Wha?** (s. Nightlife, S. 147). Viele spätere Rock-Ikonen, so z. B. Bruce Springsteen, begannen hier ihre Karriere. Lachen garantiert ist im **Comedy Cellar** (s. Nightlife, S. 147) nebenan. Unterwegs zur U-Bahn-Station bietet sich noch ein Abstecher zum **Blue Note Jazz Club** 5 (131 W. 3rd St., amerikanisch, €€) an. Hier wird neben köstlichem BBQ auch Livejazz geboten.

Blue Note Jazz Club

Touren im Anschluss: 5, 11, 12

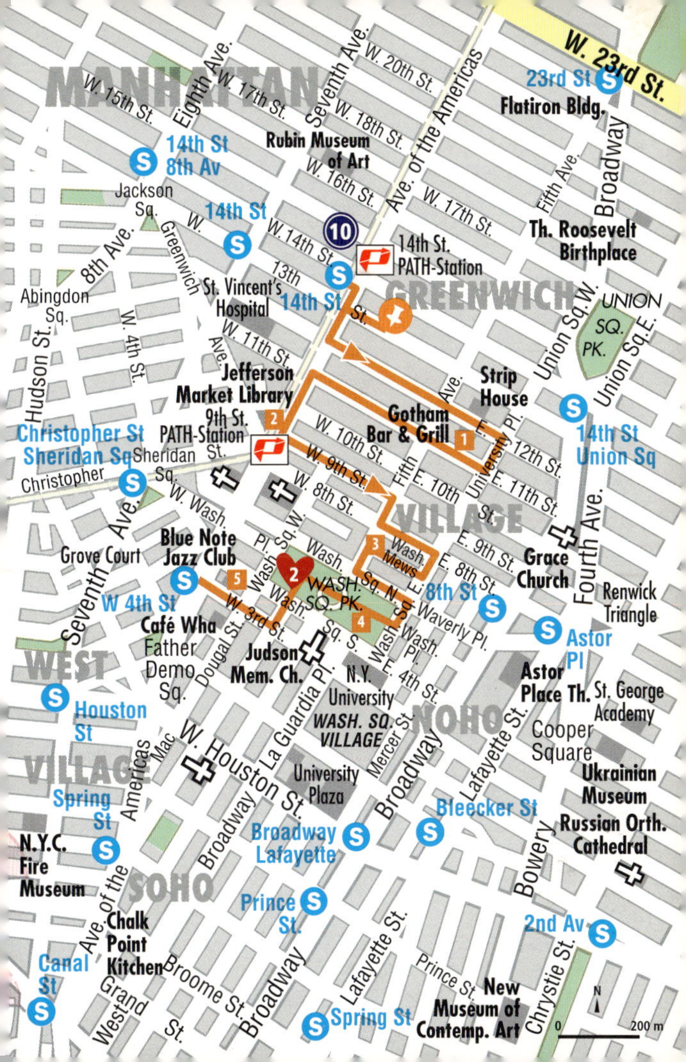
MANHATTAN
GREENWICH
VILLAGE
WEST
VILLAGE
SOHO
NOHO
W. 23rd St.
23rd St
Flatiron Bldg.
Broadway
W. 20th St.
Seventh Ave.
W. 18th St.
W. 17th St.
W. 15th St.
Eighth Ave.
Rubin Museum of Art
W. 16th St.
Ave. of the Americas
W. 17th St.
Fifth Ave.
14th St 8th Av
Jackson Sq.
14th St
W. 14th St.
10
14th St. PATH-Station
Th. Roosevelt Birthplace
8th Ave.
Greenwich
Abingdon Sq.
13th St.
St. Vincent's Hospital
14th St
UNION SQ. PK.
Union Sq.W.
Union Sq.E.
Hudson St.
W. 4th St.
W. 11th St.
Ave.
Jefferson Market Library
Strip House
Ave.
Gotham Bar & Grill
9th St. PATH-Station
1
2
University Pl.
12th St.
14th St Union Sq
Christopher St Sheridan Sq
Sheridan Sq.
Christopher St.
W. 10th St.
W. 9th St.
Fifth
E. 10th St.
E. 11th St.
W. 8th St.
W. Wash.
Ave.
3
Wash. Mews
E. 9th St.
Grace Church
Fourth Ave.
Blue Note Jazz Club
Grove Court
Pl.
Wash. Sq.W.
Wash.
E. 8th St.
Renwick Triangle
5
2
WASH. SQ. PK.
Sq. N.
8th St
W 4th St
Wash.
W. 3rd St.
Wash. Sq. E.
Waverly Pl.
Astor Pl
Seventh Ave.
Café Wha
Father Demo Sq.
Dougal St.
4
Wash. Pl.
Judson Mem. Ch.
Sq. S.
La Guardia Pl.
N.Y. University
E. 4th St.
Astor Place Th.
St. George Academy
Houston St
WASH. SQ. VILLAGE
Mercer St.
Broadway
Lafayette St.
Cooper Square
Mac
W. Houston St.
University Plaza
Ukrainian Museum
Americas
Spring St
Broadway
Bleecker St
Russian Orth. Cathedral
N.Y.C. Fire Museum
Broadway Lafayette
Bowery
Ave. of the
Prince St.
Chalk Point Kitchen
Lafayette St.
2nd Av
Canal St
Broome St.
Broadway
Prince St.
New Museum of Contemp. Art
Chrystie St.
Grand St.
West
Spring St
N
0
200 m

West Village: Rund um die Bleecker Street

White Horse Tavern › Christopher Street › Stonewall Inn › New Yorks Narrowest House › Isaac Hendricks House › James J. Walker Park

Start: Ⓢ 14th St. (Train 1, 2, 3)
Ziel: Ⓢ Houston St. (Train 1, 2)
Wann: abends
Distanz: 3,7 km

Im beschaulichen West Village ist die Hektik von Downtown New York weit, weit weg. In den reizenden Stadtteil kann man sich besonders als Europäer schnell verlieben – eben weil er mit seinen gewundenen Straßen, gemütlichen Cafés und seiner relaxten Atmosphäre ein bisschen an hübsche Kleinstädte in der Heimat erinnert.

Village Vanguard

Das einstige Dorf Greenwich Village erkoren sich im 18. Jh. reiche New Yorker zur Sommerfrische. Als 1811 der Schachbrettstadtplan für New York beschlossen wurde, hatten sie schon längst gebaut und Straßen angelegt. Deshalb gibt es hier noch schmale Gassen, die sich krümmen und winden.

Für später sollte man sich das **Village Vanguard** (178 7th Ave. S.) vormerken. Das Kellerlokal, in dem schon Dizzy Gillespie und Miles Davis auftraten, gilt seit mehr als 80 Jahren als einer der coolsten Jazzklubs der Stadt. Spätestens nach dem Einbiegen in die Straße Waverly Place präsentiert sich das West Village so, wie man es aus unzähligen Filmen kennt. Niedrige

Häuser aus dem 19. Jh., gepflegte Vorgärten und Bäume an den Straßen lassen das andere New York mit seiner Hektik weit weg erscheinen. Man erwartet fast, Simon & Garfunkel aus einem der Häuser kommen zu sehen. Das Duo würdigte seine Wahlheimat mit dem Song »Bleecker Street«.

MAL PAUSE MACHEN

Erinnerungen an »Sex and the City« werden bei einer süßen Pause in der **Magnolia Bakery** wach. Carrie und ihre Freundinnen waren hier Stammgäste – aus gutem Grund. • 401 Bleecker St.

In den 1950er-Jahren entdeckte die Beat-Generation, allen voran Jack Kerouac, Allen Ginsberg und Dylan Thomas, das Village für sich. Letzterer brach im November 1953 in der **White Horse Tavern** 1 (567 Hudson St.) seinen persönlichen Zechrekord, indem er in kürzester Zeit 18 Whiskey kippte. Bedauerlicherweise konnte er seinen Triumph nicht auskosten, er stolperte auf dem Weg aus der Bar, fiel ins Koma und starb. Wenn man heute einen Drink in der Bar nimmt, sollte man also vielleicht etwas vorsichtiger sein.

Die **Christopher Street** steht heute für den Kampf der Homosexuellen um Gleichberechtigung. Im **Stonewall Inn** 2 (Nr. 53) begann am 28. Juni 1969 der Stonewall-Aufruhr, in dessen Verlauf sich Schwule und Lesben erstmals vehement gegen die damals üblichen Polizeiaktionen gegen Homosexuellenbars wehrten. An einem anderen Tag wäre das rüde Auftreten der Polizisten vielleicht folgenlos geblieben, doch die Gemeinde war aufgewühlt von den Berichten zur Beerdigung von Judy Garland, einer Ikone der Schwulenbewegung. Der Jahrestag des Aufstandes wird heute weltweit als Christopher Street Day gefeiert.

Stonewall Inn

Mittelpunkt des West Village ist der **Sheridan Square.** Hier haben sich zahlreiche Kneipen und Nightspots angesiedelt. In der Barrow Street führt ein Restaurant den rätselhaften Namen **One if by Land Two if by Sea** 3 (17 Barrow St., €€€). Dahinter verbirgt sich ein romantisches Speiselokal mit exquisiter amerikanischer Küche. Im **Sushi Samba** (s. Restaurants, S. 138), eine weitere Location von »Sex and the City«, werden Fisch und Meeresfrüchte vor den Augen der Gäste frisch zubereitet.

Von hier sind es nur ein paar Schritte zum **Grove Court** 4, einem schmucken Ensemble von sechs Stadthäusern. Der Lebensmittelhändler Samuel Cocks ließ es Mitte des 19. Jhs. für seine Angestellten errichten. An der Bedford Street steht **New Yorks Narrowest House** 5. Es ist ganze 2,90 m breit und hat es daher auch nur zu einer halben Hausnummer gebracht: 75 1/2 steht an der Tür zu lesen. Die Enge hat die vielen berühmten Bewohner, unter ihnen der nicht eben kleine Cary Grant, offensichtlich nicht gestört. Beim **Isaac Hendricks House** gleich nebenan handelt es sich um das älteste Wohnhaus in Greenwich Village. Dem einst allein stehenden Bauernhaus wurde 1836 eine Backsteinfassade im Greek-Revival-Stil vorgeblendet. In der Leroy Street ändert sich die Atmosphäre; die Straße macht einen Bogen und wird zu **St. Luke's Place.** Ihre Brownstone-Reihenhäuser bewohnte die irischstämmige *middle class.* Im ruhigen **James J. Walker Park** 6 kann man noch ein wenig die Füße und die Seele baumeln lassen, bevor man der Ⓢ Houston Street zustrebt.

St. Luke's Place

Touren im Anschluss: 5, 10, 12

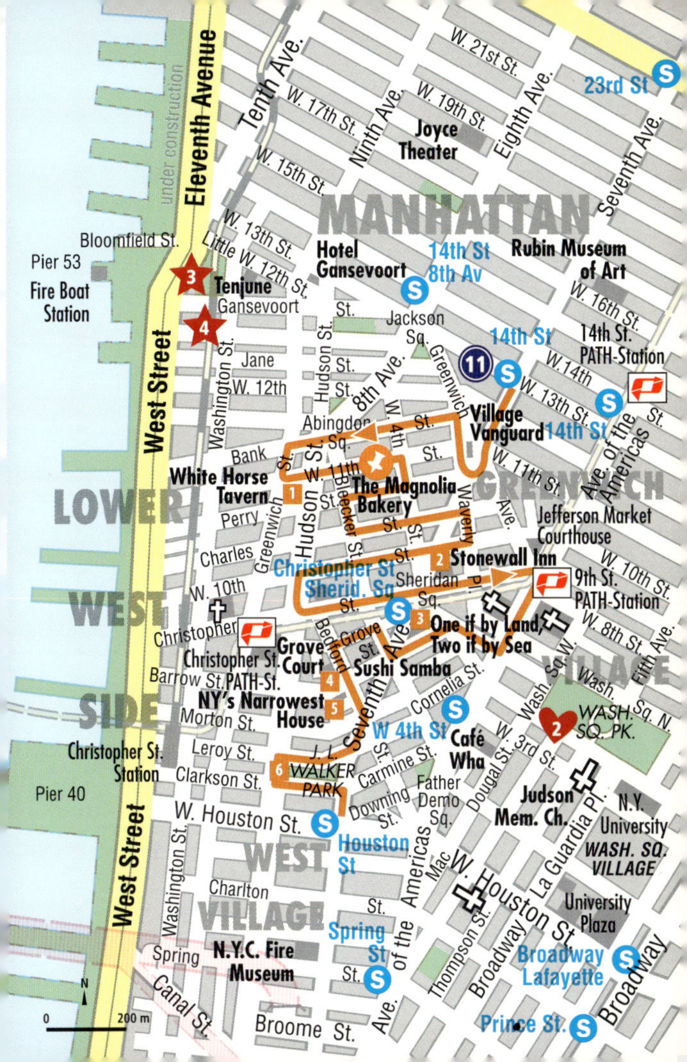

MANHATTAN
LOWER WEST SIDE
GREENWICH VILLAGE
WEST VILLAGE
Eleventh Avenue
West Street
Tenth Ave.
Ninth Ave.
Eighth Ave.
Seventh Ave.
W. 21st St.
W. 19th St.
W. 17th St.
W. 15th St.
W. 13th St.
Little W. 12th St.
W. 16th St.
23rd St
Joyce Theater
Hotel Gansevoort
14th St 8th Av
Rubin Museum of Art
14th St.
PATH-Station
14th St
Bloomfield St.
Pier 53
Fire Boat Station
Tenjune
Gansevoort St.
Jackson Sq.
Washington St.
Jane St.
W. 12th St.
Hudson St.
8th Ave.
Greenwich Ave.
W. 14th
W. 13th St.
Village Vanguard
14th St
Abingdon Sq.
Bank St.
W. 4th St.
W. 11th St.
The Magnolia Bakery
W. 11th St.
Ave. of the Americas
White Horse Tavern
Perry St.
Bleecker St.
Waverly Pl.
Jefferson Market Courthouse
Charles St.
Greenwich St.
Hudson
Christopher St Sherid. Sq
Stonewall Inn
Sheridan Sq.
W. 10th St.
9th St. PATH-Station
W. 10th
Christopher St.
Grove Court
Grove St.
Bedford St.
One if by Land, Two if by Sea
W. 8th St.
Fifth Ave.
Christopher St. PATH-St.
Barrow St.
Sushi Samba
Cornelia St.
Wash. Sq. W.
Wash. Sq. N.
NY's Narrowest House
Morton St.
Seventh Ave.
W 4th St
WASH. SQ. PK.
Café Wha
Christopher St. Station
Leroy St.
Clarkson St.
J.J. WALKER PARK
Carmine St.
Father Demo Sq.
Dougal St.
Wash. Sq.
W. 3rd St.
Pier 40
W. Houston St.
Downing St.
Judson Mem. Ch.
N.Y. University
WASH. SQ. VILLAGE
La Guardia Pl.
Houston St
Washington St.
Charlton St.
Mac Dougal St.
W. Houston St.
University Plaza
Spring St
Spring St.
N.Y.C. Fire Museum
Thompson St.
Broadway
Broadway Lafayette
Canal St.
Broome St.
Prince St.
Ave. of the Americas
under construction
0
200 m
N
1
2
3
4
5
6
11

Tour 12

Meatpacking District: Kühlhäuser und Klubs

Griffin › Whitney Museum of American Art › High Line › Tenjune › Gansevoort Hotel › Spice Market › W. 14th Street › Ground Zero Museum Workshop

Start: Ⓢ 14th St./8th Ave. (Train A, C, E, L)
Ziel: Ⓢ 14th St./8th Ave. (Train A, C, E, L)
Wann: abends
Distanz: 2,0 km

Es ist noch gar nicht so lange her, da war das Accessoire, das im Meatpacking District am häufigsten getragen wurde, eine Fleischerschürze. Heute ist das Viertel tagsüber dank High Line und New Whitney Touristenhotspot und nachts ein angesagtes Ausgehviertel in einer an Auswahl nicht gerade armen Stadt.

5 Ninth

Abends ist der Meatpacking District mit seiner schillernden Restaurant- und Klubszene schon seit Jahren »The Place to be«, nun aber hat sich das noch bis vor Kurzem tagsüber etwas heruntergekommen wirkende bauliche Aschenputtel insbesondere dank High Line und dem spektakulären Museumsneubau des »New Whitney« in eine zauberhafte Stadtteilprinzessin verwandelt. Einen guten Eindruck von der Metamorphose, die der Distrikt durchmacht, erhält man bei einem Bummel durch die Jane, Horatio und Gansevoort Streets. Fleischliche Gelüste werden im **Macelleria** (48th Gansevoort St., italienisch-amerikanisch, €€) befriedigt. Irgendwie passend: Das auf mächtige Steaks spezialisierte Restaurant nutzt die Räumlichkeiten eines ehemaligen Kühlhauses.

Wer bei Tageslicht an der Adresse 50 Gansevoort St. vorbeigeht, mag kaum glauben, dass hier abends das Partyleben tobt. Das **Griffin** 1 hat das Erbe der geschlossenen PM Lounge angetreten und schickt sich nun seinerseits an, den Titel des Topnachtklubs der Stadt zu erringen. Ab etwa 22 Uhr bilden sich lange Schlangen an den unscheinbaren Eingängen vieler Klubs, horrende Eintrittspreise schrecken die Tanzwütigen nicht ab.

Lange Schlangen sind auch ein Thema beim nicht zu übersehenden Neubau des **Whitney Museum of American Art** 2 ★3 (99 Gansevoort St., whitney.org, Mo, Mi, So 10.30–18, Do–Sa 10.30–22 Uhr). Renzo Piano zeichnet für das lichtdurchflutete, angeblich fast 700 Mio. Dollar teure Gebäude verantwortlich, das der Ausstellung und der Administration fast 20 000 m² Platz gibt. Wer sich nicht nur am Äußeren des »New Whitney« satt sehen will, findet in dem Gebäude eine hochgelobte Sammlung amerikanischer Kunst des 20. und 21. Jhs., u.a. befindet sich das Museum im Besitz des Nachlasses der Witwe Edward Hoppers mit mehr als 3100 Werken.

Längst kein Geheimtipp mehr ist die **High Line** 3 ★4 direkt neben dem New Whitney. Sie ist das letzte verbliebene Stück einer Hochbahn, die den störungsfreien Gütertransport zwischen Hudson Piers und Innenstadt gewährleistete. Ein Konsortium verwandelte die noch verbliebene Hochbahntrasse zwischen 34th Street und Gansevort in eine 2,3 km lange, idyllische Parkanlage an Luxusapartments entlang.

MAL PAUSE MACHEN

Ein »high light« der High Line ist **The River that Flows Both Ways** etwa auf Höhe der 15th St. Die Installation aus farbigem Glas wurde inspiriert von einer 700-Minuten-Reise entlang dem Hudson River.

Weiter führt die Tour in die Little W. 12th Street, in der zwei Klublegenden nebeneinander liegen: Das **Cielo** (18 Little W. 12th St.) zählt zu den angesagtesten Dancefloors der USA. Im **Tenjune** 4 (s. Nightlife, S. 149) verkehren viele Models, auch Britney Spears und Lindsay Lohan wurden hier schon gesichtet. Das **Gansevoort Hotel** 5 (s. Hotels, S. 131) war ein gewagtes Experiment. Es entstand zu einer Zeit, als noch nicht klar war, ob der Meatpacking District sich als Hip-Viertel etablieren würde. Auch für Nicht-Hotelgäste lohnt ein Besuch – das Restaurant **Toy** (asiatisch, €€€) bietet in einer eklektischen Atmosphäre Gaumenfreunden von Chefkoch Doron Wong.

Spice Market

Weitere Möglichkeiten der Abendgestaltung bieten sich zuhauf. Etwa in der W. 13th Street, wo im **Spice Market** 6 (Nr. 403, asiatisch, €€) die Gäste in die Welt exotischer Gewürzkombinationen entführt werden. An der W. 14th Street haben sich viele Trendgeschäfte angesiedelt, z.B. die Boutique des brasilianischen Designers **Carlos Miele** (Nr. 408). Hinter dem Namen **Jeffrey** (Nr. 449) verbirgt sich ein edles Minikaufhaus mit viel Platz zum Stöbern.

Einen besinnlichen Kontrapunkt setzt der **Ground Zero Museum Workshop** 7 (420 W. 14th St., Führungen: groundzeromuseumworkshop.org, tgl. 10.30–16.30, So 11.30–16.30 Uhr). Fotos, Trümmerteile und persönliche Gegenstände der Opfer ermöglichen in dem kleinen Museum einen sehr subjektiven Zugang zu den Ereignissen von 9/11. Der Schrecken übt eine erstaunliche Anziehungskraft aus, das Museum galt zeitweise als dritterfolgreichste Touristenattraktion in New York.

Touren im Anschluss: 10, 11, 13

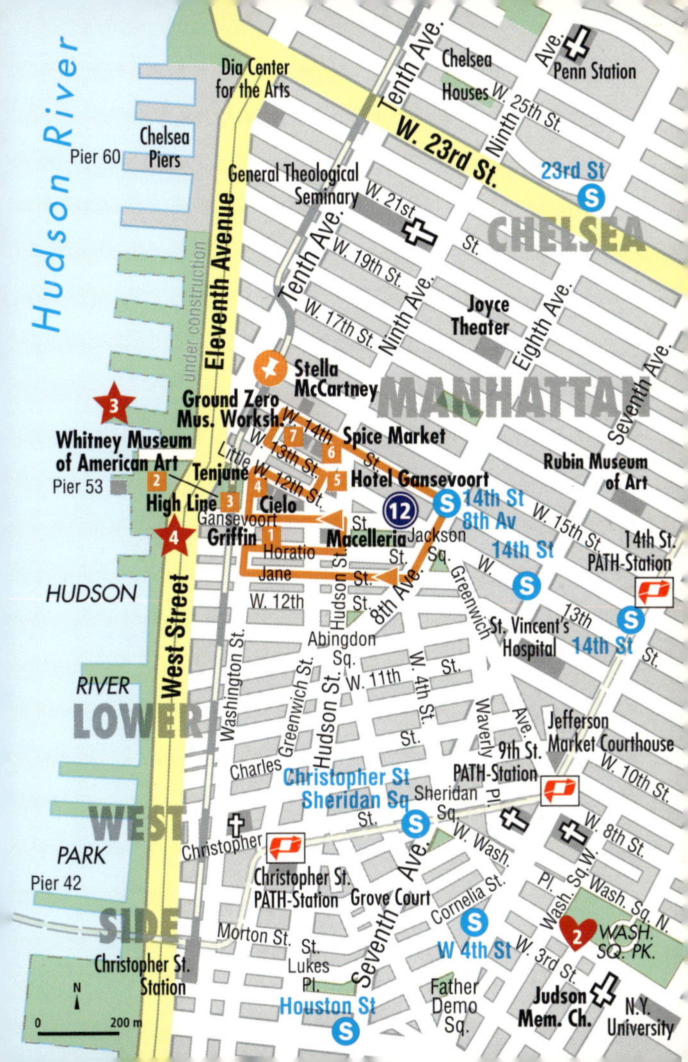

Hudson River
Dia Center for the Arts
Chelsea Piers
Pier 60
General Theological Seminary
Tenth Ave.
Chelsea Houses
W. 25th St.
Ninth Ave.
Penn Station
W. 23rd St.
23rd St
W. 21st
St.
CHELSEA
W. 19th St.
W. 17th St.
Ninth Ave.
Eighth Ave.
Joyce Theater
Seventh Ave.
under construction
Eleventh Avenue
Stella McCartney
MANHATTAN
Ground Zero Mus. Worksh.
W. 14th St.
W. 13th St.
Spice Market
Whitney Museum of American Art
Little W. 12th St.
Pier 53
Tenjune
Hotel Gansevoort
Rubin Museum of Art
High Line
Cielo
Gansevoort St.
14th St 8th Av
W. 15th St.
Griffin
Macelleria
Jackson Sq.
14th St.
PATH-Station
Horatio St.
14th St
Jane St.
8th Ave.
Greenwich
W. 13th St.
HUDSON
W. 12th St.
Hudson St.
St. Vincent's Hospital
14th St
Abingdon Sq.
W. 11th St.
W. 4th St.
RIVER
West Street
Washington St.
Greenwich St.
Hudson St.
Waverly Pl.
Greenwich Ave.
Jefferson Market Courthouse
LOWER
9th St.
W. 10th St.
PATH-Station
Charles St.
Christopher St Sheridan Sq
Sheridan Sq.
WEST
W. 8th St.
Christopher St.
W. Wash. Pl.
PARK
Pier 42
Christopher St. PATH-Station
Grove Court
Seventh Ave.
Cornelia St.
Wash. Sq. W.
Wash. Sq. N.
SIDE
Morton St.
W 4th St
WASH. SQ. PK.
W. 3rd St.
Christopher St. Station
St. Lukes Pl.
Father Demo Sq.
Judson Mem. Ch.
N.Y. University
Houston St
N
0
200 m

Tour 13

Chelsea: Laufsteg für Manhattans Szene

Hotel Chelsea › Fashion Institute of Technology › Club Row › Chelsea Piers › 22nd Street › Empire Diner

Start: Ⓢ 23rd St. (Train A, C, E)
Ziel: Ⓢ 23rd St. (Train A, C, E)
Wann: zum Galerienbummel tagsüber, zum Clubbing abends
Distanz: 5,0 km

Nach seiner Degradierung zum Lagerhausbezirk hat es das einst elegante Wohnviertel Chelsea wieder ganz nach oben geschafft. Konkurrenten wie dem Meatpacking District oder SoHo zum Trotz zieht es Künstler und Nachtschwärmer in wachsender Zahl an. Heute gibt es hier 200 Galerien.

Hotel Chelsea

Theaterfreunde zog es Ende des 19. Jhs. nicht nach Midtown, sondern nach Chelsea. Hier befand sich der Mittelpunkt des kulturellen Lebens. Nach heutigen Maßstäben war Chelsea schon damals ein In-Viertel – vom einstigen Glanz zeugt das **Hotel Chelsea** 1, das 1883 als Apartmenthaus erbaut wurde. Mit zwölf Stockwerken war es damals das höchste Gebäude der Stadt. Die Liste der prominenten Gäste reichte von Mark Twain und Jack Kerouac über Arthur Miller und Jean Paul Sartre bis zu Stanley Kubrick und Dennis Hopper. Aber die Geschichte des Hauses hat auch dunkle Episoden: Charles R. Jackson, Autor von »The

Lost Highway«, beging 1968 in seinem Zimmer Selbstmord, und Nancy Spungen, Freundin von Punk-Ikone Sid Vicious, kam unter ungeklärten Umständen 1978 ums Leben. 1979 folgte ihr Sid Vicious im gleichen Apartment in den Tod, indem er sich eine Überdosis Heroin spritzte. Manche der letzten prominenten Gäste – das Hotel Chelsea ist »wegen Renovierung« seit Jahren geschlossen – werden einen Blick in **Chelsea Guitars** (224 W. 23rd St.) geworfen haben. Die Betreiber verkaufen nicht nur neue, sondern auch schöne gebrauchte Gitarren.

Die 7th Avenue, auf die man nun abbiegt, trägt hier den Beinamen »Fashion Avenue«. Tatsächlich ist Chelsea heute nicht nur für seine Galerien bekannt – auch viele Modedesigner, denen SoHo zu brav geworden ist, sind hierhin abgewandert. Dem Mode-Image trägt das **Fashion Institute of Technology** 2 Rechnung, ein Zweig der State University of New York. Nicht nur die Studenten schätzen den kleinen **Chelsea Park** 3 im weiteren Verlauf der W. 28th Street.

Ein Lehrstück misslungener Stadtpolitik ist die W 27th St. zwischen 10. und 11. Ave. Binnen weniger Jahre verwandelte sich die legendäre **Club Row** mit einigen der besten Abendlokalitäten New Yorks zurück in eine Wohn- und Geschäftsstraße. Experten sehen die Schuld für diese Entwicklung ausgerechnet in der hochgelobten Renaturierung der High-Line-Bahn, die das Gebiet aufwertete, Grundstücksspekulanten anlockte, die alteingesessene Chelsea-Bewohner vertrieb und keinen Platz mehr für Nightlife der alten Schule ließ.

Am Hudson River, zwischen 17th und 23rd Streets, erstrecken sich die **Chelsea Piers** 4, vier ehemalige Landungsbrücken. Zu trauriger Berühmtheit gelangten sie, weil hier die »Lusitania« zu ihrer letzten Fahrt ablegte. Am Pier 59 wurden die Überleben-

Chelsea Piers

den der »Titanic« von ihren Angehörigen in Empfang genommen. Anfang der 1990er-Jahre kaufte ein New Yorker Geschäftsmann die heruntergekommenen Kaianlagen und rüstete sie zu einem Sport- und Unterhaltungskomplex hoch. Von Eislaufen und Inlineskaten über Klettern und Golfen bis hin zu Schwimmen und Kajakfahren wird hier fast jede Sportart angeboten.

Über die W. 18th Street führt der Weg weiter zur 8th Avenue. Hier wartet rustikale Stärkung: Das **Rocking Horse** (182 8th Ave., mexikanisch, €€) ist bekannt für üppige Portionen. Vegetarierer und Veganer erleben im **Blossom** (187 9th Ave., €€) ihre große Stunde.

Von hier ist es nicht weit zur **W. 22nd Street**, in deren Umfeld sich viele der angeblich 400 Chelsea-Galerien drängen – **Sonnabend** (Nr. 536), **Sikkema Jenkins & Co.** (Nr. 530), **CRG Galleries** (Nr. 548) und die **303 Gallery** (507 W. 24st St.) sind nur vier von vielen interessanten Adressen. Zunehmend eröffnen in dieser Gegend auch Nobelboutiquen, so etwa der Shop **Comme de Garçons** (Nr. 520) mit Kreationen des japanischen Designers Rei Kawakubo. An der Ecke 10th Ave. lenkt eine Ikone des Art-déco vom Schaufensterbummel ab: das chromblitzende Restaurant **Empire Diner** **5**, das nach langem Hin und Her endlich wieder seine Pforten geöffnet hat, könnte gut das Motiv für Edward Hoppers berühmtes Gemälde »Nighthawks« geliefert haben.

MAL PAUSE MACHEN

Der Pub **The Half King** ist im Besitz von Autoren. Oft finden hier Lesungen oder kleine Konzerte statt. Ein Bier, das man auch im Freiluftbereich genießen kann, gibt es immer.
• 505 W. 23rd St.

Touren im Anschluss: 9, 10, 11, 12

Hudson River
Club Row
W. 27th St.
W. 26th St.
W. 24th St.
W. 29th St.
CHELSEA PARK
Chelsea Houses
Tenth Ave.
Ninth Ave.
Eleventh Ave.
9A
Madison Square Garden
Macy's
Pennsylvania St. 34th St
Amtrak & Long Island R.R.
St. John
W. 31st St.
W. 30th St.
33rd St. PATH-Station
Fashion Institute of Technology
28th St
W. 28th St.
W. 27th St.
(6th Avenue)
Broadway
CHELSEA
Empire Diner
W. 23rd St.
Dia Center for the Arts
Chelsea Piers
Pier 60
W. 22nd St.
General Theol. Seminary
W. 21st St.
Blossom
23rd St
Hotel Chelsea
Dan's Chelsea Guitars
W. 25th St.
Chelsea Antiques Bldg.
13
W. 19th St.
W. 18th St.
Joyce Theater
Eighth Ave.
23rd St
W. 23rd St.
MADISON SQUARE PARK
23rd St. PATH-Station
Seventh Ave.
W. 21st St.
W. 16th St.
Rocking Horse
MANHATTAN
W. 14th St.
W. 19th St.
Ave. of the Americas
Flatiron Bldg.
Eleventh Avenue
Pier 53
Fire Boat Station
Tenjune
Little W. 12th St.
Hotel Gansevoort
Rubin Museum of Art
14th St 8th Av
W. 15th St.
14th St. PATH-Station
W. 17th St.
Fifth Ave.
Avalon
E. 21st St.
Th. Roosevelt Birthplace
West St.
Gansevoort St.
Hudson St.
Jackson Sq.
N
0 200 m

Tour 14

Hochhausparade in Midtown

Herald Square › Macy's › Empire State Building › Chrysler Building › Socony-Mobil Building › United Nations Headquarter

Start: Ⓢ 34th St. – Herald Square (Train B, D, F, M, N, Q, R)
Ziel: Ⓢ Grand Central – 42nd St. (Train 4, 5, 6, 7, S)
Wann: tagsüber
Distanz: 3,6 km

Aus der Fülle der Hochhäuser in Midtown ragen zwei unübersehbar heraus: das Empire State Building und das Chrysler Building. Zu diesen architektonischen Superlativen gesellen sich ein weiterer Rekordhalter, Macy's, das angeblich größte Kaufhaus der Welt, und mit den United United Nations Headquarters, ein Paradoxon, ein exterritoriales Gebiet mitten in New York.

Macy's

Der Times Square ist weltbekannt, der **Herald Square** 1, an dem diese Tour beginnt, eher weniger. Etwas haben beide Plätze jedoch gemein: Ihre Namen sind untrennbar mit großen New Yorker Zeitungen verbunden – der Times Square mit der »Times«, der Herald Square mit dem von 1835 bis 1924 herausgegebenen »New York Herald«. In einer Hinsicht aber sticht der Herald Square seinen Konkurrenten aus: An ihn grenzt **Macy's** 2 ★5 (s. Shopping, S. 143), das nach Eigenwerbung »größte Kaufhaus der Welt«. Das zehnstöckige Hauptgebäude aus dem 19. Jh. und die Erweiterungen nehmen einen ganzen Straßenblock ein.

Auch nach mehr als 80 Jahren gilt das **Empire State Building** 3 6 (350 5th Ave., www.esbnyc.com/de, tgl. 8–2 Uhr) als einer der schönsten Wolkenkratzer der Stadt. In der Rekordzeit von nur neun Monaten wurde das 381 m hohe Art-déco-Hochhaus aus dem Boden gestampft. 3400 Arbeiter schichteten 10 Mio. Ziegelsteine aufeinander und verbauten 55 000 t Stahl. Die feierliche Eröffnung am 1. Mai 1931 fiel in die Zeit der Weltwirtschaftskrise. In den ersten Jahren blieben viele Büroflächen leer, was dem Gebäude den Spitznamen »Empty State Building« einbrachte. Nach dem Einsturz der Zwillingstürme des World Trade Center war das Empire State Building für ein Jahrzehnt erneut das höchste Gebäude der Stadt, nun wird es wieder überragt – vom One World Trade Center. Wer heute zu den Besucherplattformen (s. Nightlife, S. 148) im 86. und 102. Stock hinauf will, muss Geduld mitbringen. Die Warteschlangen vor den Liften in der prächtigen Art-déco-Lobby sind immens. Mit kürzeren Schlangen am Einlass kann man in der **Heartland Brewery** (im Empire State Building, s. Restaurants, S. 136) rechnen – obwohl das hauseigene Bier einen ausgezeichneten Ruf genießt.

Empire State Building

An der 5th Avenue/Ecke 38th Street wartet mit **Lord & Taylor** ein weiteres populäres Kaufhaus, das für seine extravaganten Schaufensterdekorationen bekannt ist. Nächste Station der Tour ist das elegante **Chrysler Building** 4 an der Ecke 42nd Street/Lexington Avenue, ein Meisterwerk des Art-déco. Es gilt als der Star unter Manhattans Skyscrapern, im Wettrennen um den Höhenrekord war es jedoch der Verlierer. Nur knapp ein Jahr lang war das 319 m hohe Chrysler Building der höchste Wolken-

Chrysler Building

kratzer der Stadt, dann lief ihm das Empire State Building den Rang ab. Dabei hatte Architekt William van Alen schon einen Trumpf ausgespielt, um eventuelle Konkurrenten auszuschalten. Die sechsgeschossige Krone aus Stahlbögen, die heute den besonderen Reiz des Chrysler Building ausmacht, wurde im Verborgenen gebaut und erst im letzten Moment auf das Gebäude aufgesetzt.

Dank seines berühmten Gegenübers führt das **Socony-Mobil Building** auf der anderen Seite der 42nd Street ein – unverdientes – Schattendasein. 1956 erbaut, nimmt es einen ganzen Straßenblock ein. 7000 reliefierte Stahlplatten verleihen der Fassade eine interessante 3-D-Anmutung.

Ein Paradoxon hat New York am östlichen Ende der 42nd Street zu bieten. Das Gebiet der **United Nations Headquarters** 5, zwischen 42nd und 48th Street östlich der First Avenue gelegen, ist exterritoriales Gelände. Hier gelten weder die Stadtgesetze noch die der Vereinigten Staaten; stattdessen hat die UNO die Oberhoheit. Markanter Mittelpunkt des von einer internationalen Architektengruppe (u.a. Le Corbusier, Oscar Niemeyer und Sven Markelius) geplanten Viertels ist der schlanke Glasbau des Secretariat Building. Die nächstgelegene Subway-Station befindet sich im Grand Central Terminal, zu dem die 42nd Street zurückführt.

MAL PAUSE MACHEN

Das **Pershing Square Café** befindet sich an historischer Stelle im 1923 gebauten Pershing Square Building. Hier kann man sich wunderbar stärken und vom Gehmarathon erholen.
• 90 E 42nd St.

Touren im Anschluss: 15, 16

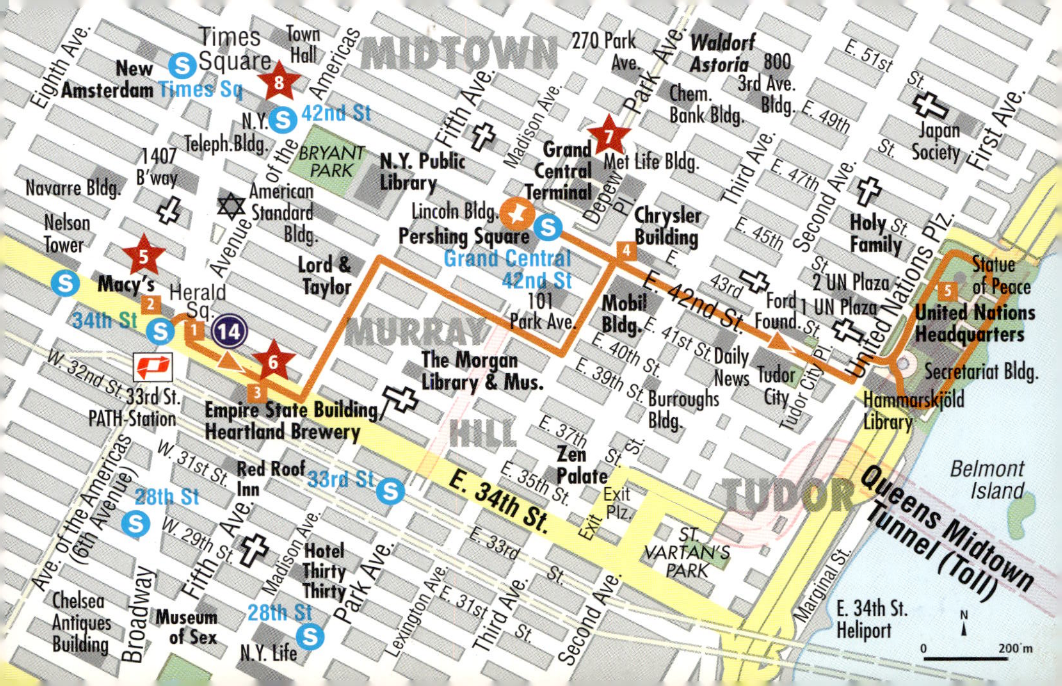

MIDTOWN
MURRAY
HILL
TUDOR
Eighth Ave.
New Amsterdam
Times Square
Times Sq
Town Hall
Ave. of the Americas
42nd St
N.Y. Teleph.Bldg.
1407 B'way
Navarre Bldg.
Nelson Tower
Macy's
Herald Sq.
34th St
BRYANT PARK
American Standard Bldg.
N.Y. Public Library
Fifth Ave.
Madison Ave.
Lord & Taylor
Lincoln Bldg.
Pershing Square
Grand Central 42nd St
Grand Central Terminal
Depew Pl.
Met Life Bldg.
270 Park Ave.
Park Ave.
Waldorf Astoria
Chem. Bank Bldg.
800 3rd Ave. Bldg.
Third Ave.
E. 51st St.
E. 49th St.
E. 47th
E. 45th
Second Ave.
Japan Society
First Ave.
Holy Family
United Nations Plz.
Chrysler Building
E. 42nd St.
43rd St.
2 UN Plaza
1 UN Plaza
Ford Found.
Statue of Peace
United Nations Headquarters
Secretariat Bldg.
Hammarskjöld Library
Mobil Bldg.
101 Park Ave.
E. 41st St.
E. 40th St.
E. 39th St.
Daily News
Tudor City
Tudor City Pl.
Burroughs Bldg.
The Morgan Library & Mus.
W. 32nd St.
33rd St. PATH-Station
Empire State Building/ Heartland Brewery
E. 37th St.
Zen Palate
E. 35th St.
Exit Plz.
Exit
E. 34th St.
Red Roof Inn
33rd St
W. 31st St.
28th St
W. 29th St.
Ave. of the Americas (6th Avenue)
Broadway
Fifth Ave.
Madison Ave.
Hotel Thirty Thirty
Park Ave.
Lexington Ave.
E. 33rd St.
E. 31st St.
Third Ave.
Second Ave.
ST. VARTAN'S PARK
Marginal St.
Belmont Island
Queens Midtown Tunnel (Toll)
E. 34th St. Heliport
Chelsea Antiques Building
Museum of Sex
28th St
N.Y. Life
N
0
200 m

Tour 15

Times Square: Wiedergeburt eines Klassikers

Grand Central Terminal › New York Public Library › Bryant Park › Times Square › Theater District

Start: Ⓢ **Grand Central – 42nd St. (Train 4, 5, 6, 7, S)**
Ziel: Ⓢ **42nd St./Port Authority (Train A, C, E)**
Wann: **spätnachmittags, in den Abend hinein**
Distanz: **2,1 km**

Wie im Kino präsentiert sich New York auf dieser Tour. Zum Auftakt sorgt der Grand Central Terminal bei Filmfans für Déjà-vu-Erlebnisse, als überraschend fotogene Innenstadt-Oase erweist sich anschließend der Bryant Park. Und schließlich setzt sich der Times Square derart bildgewaltig in Szene, dass nur noch ein Regisseur »uuuund action« rufen müsste.

Public Library

Auch wer noch niemals in New York war, hat als Filmfan im riesigen **Grand Central Terminal** 1 ★7 sein persönliches Déjà-vu-Erlebnis. Der 1913 fertiggestellte Beaux-Arts-Bahnhof war Schauplatz von Filmhits wie »Der unsichtbare Dritte«, »Superman« oder »Cotton Club«. Beim Schlendern durch die von einem künstlichen Sternenhimmel überwölbte, 35 m hohe Haupthalle kann man sich kaum vorstellen, dass das Gebäude in den 1950er-Jahren vom Abriss bedroht war. Heute steht der angeblich größte Bahnhof der Welt unter Denkmalschutz. In einem Seitengang im Untergeschoss befindet sich die **Oyster Bar** (€€), deren Fischküche einen legendären Ruf genießt. Kleine

Snacks für jeden Geschmack bieten die internationalen Imbissstände des **Food Court** (s. Restaurants, S. 135).

An der 42nd Street zieht die 1911 erbaute **Public Library** 2 (5th Ave/42nd St., Mo und Do–So 10–18, Di, Mi 10–20, So 13–17 Uhr) alle Aufmerksamkeit auf sich. Der prächtige Beaux-Arts-Bau birgt 9 Mio. Bücher und 17 Mio. Dokumente, darunter ein handschriftlicher Entwurf der Unabhängigkeitserklärung. Auf der von zwei steinernen Löwen flankierten Eingangstreppe nehmen die New Yorker gern ein Sonnenbad. Dahinter lädt der hübsche **Bryant Park** 3 zu einer Pause im Grünen ein. Im Sommer findet hier das Bryant Park Film Festival statt.

MAL PAUSE MACHEN

Wenn Sie sich mit einem Sandwich auf die Stufen der **New York Public Library** setzen, genießen Sie nicht nur eine perfekte Pause, sondern gehen auch glatt als waschechter New Yorker durch.

Bryant Park

Etwas mehr als 100 Jahre ist es her, dass der **Times Square** 4 8 seinen Namen bekam – von der Zeitung »New York Times«, die das Gebiet erschließen ließ. Die langgestreckte Kreuzung von Seventh Avenue und Broadway präsentiert sich bei Dunkelheit als eine Orgie visueller Reize. Noch vor etwa 25 Jahren galt das einstige Zentrum des Theaterdistrikts als zwielichtige Gegend. Drogenhändler trafen hier ihre Kundschaft, und auch das Geschäft mit dem Sex florierte. Insbesondere durch das Engagement des Disney-Konzerns hat sich aber seit den 1990er-Jahren das Bild geändert. Wer in der Welt des Entertainment Rang und Namen hat, unterhält am Times Square eine Niederlassung. Nachdem sich große Firmen wie MTV und Sony wieder am Times Square etabliert hatten, kehrten auch die Theater und Hotels an den Platz zurück und in ihrem Gefolge mehrere Kaufhäuser. Inzwischen ist der Times

Square sogar größtenteils eine Fußgängerzone. Shoppingfans werden hier nicht durch frühe Ladenschlusszeiten in ihrem Elan gebremst. **The Gap** (Bekleidung, 42nd St./Broadway, s. Shopping, S. 145), die fantastisch sortierten Megastores von **Disney** (1540 Broadway, s. Shopping, S. 142), **Toys'R'us** (Spielwaren, 1514 Broadway) oder **M&M** (knallbunte Schokodragees, 1600 Broadway, s. Shopping, S. 143) haben bis spät nachts geöffnet.

Es ist nicht einfach, einen Überblick über das riesige Areal zu gewinnen. Immerhin erstreckt sich der Times Square im weitesten Sinne von der W. 40th bis zur W. 53rd Street und von der Sixth bis zur Eighth Avenue. Von der 42nd Street kommend, biegt man am besten auf den **Broadway** 9 ab. Rundherum erstreckt sich dann der **Theater District** mit seinen zahlreichen Sprechtheatern und Musicalbühnen.

TKTS am Duffy Square (Höhe 47th St.) bietet tagesaktuell Restplätze für nicht ausverkaufte Broadway-Aufführungen zum reduzierten Preis. Allerdings ist Geduld angesagt. In den riesigen Warteschlangen steht man oft bis zu zwei Stunden lang an.

TKTS

Der weitere Weg verläuft dann auf der 49th Street westwärts über die Eighth Avenue zur Ⓢ 42nd Street, dem Endpunkt der Tour. Wer sich noch ein zusätzliches Erlebnis gönnen möchte, besucht **The View Lounge** im obersten Stock des **Marriott Marquis Hotel** 5 (1535 Broadway). Der Name macht dem Etablissement alle Ehre. Die Bar dreht sich und bietet einen einmaligen Rundumblick über das nächtlich erleuchtete Manhattan.

Touren im Anschluss: 14, 16

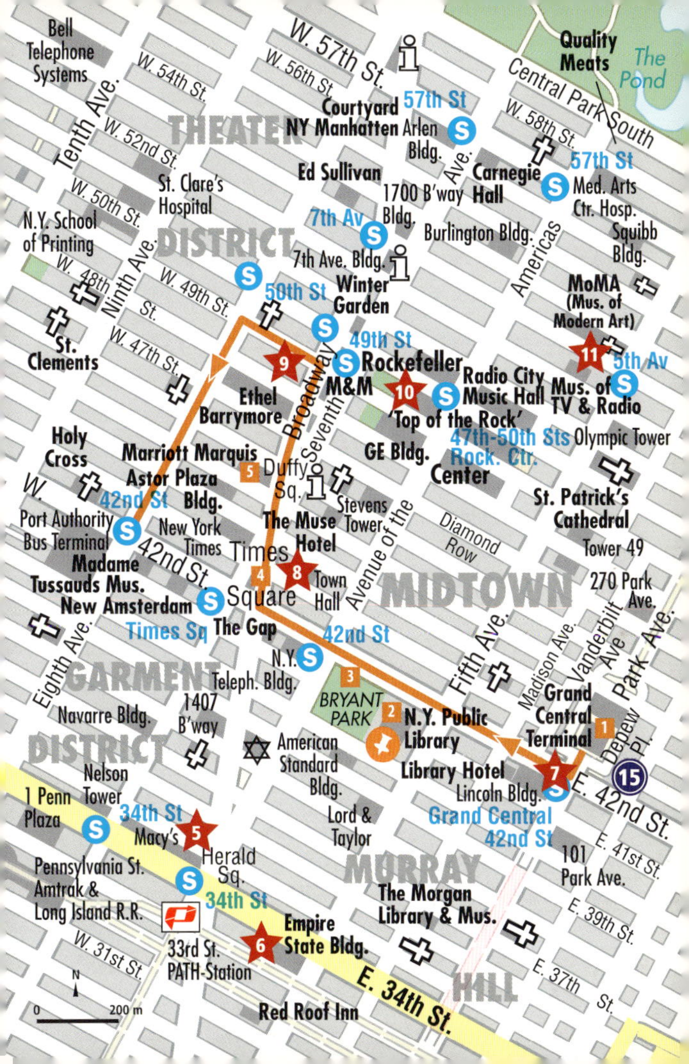

Bell Telephone Systems
Tenth Ave.
W. 54th St.
W. 56th St.
W. 57th St.
W. 52nd St.
THEATER
DISTRICT
Courtyard
NY Manhatten
57th St
Arlen Bldg.
Quality Meats
The Pond
Central Park South
W. 58th St.
57th St
Med. Arts Ctr. Hosp.
Carnegie Hall
Ed Sullivan
1700 B'way Bldg.
7th Av
Burlington Bldg.
Squibb Bldg.
Americas
St. Clare's Hospital
W. 50th St.
N.Y. School of Printing
W. 48th St.
Ninth Ave.
W. 49th St.
7th Ave. Bldg.
Winter Garden
50th St
MoMA (Mus. of Modern Art)
St. Clements
W. 47th St.
49th St
Rockefeller
Radio City Music Hall
Mus. of TV & Radio
5th Av
Broadway
Seventh
M&M
'Top of the Rock'
Ethel Barrymore
47th-50th Sts Rock. Ctr.
Olympic Tower
Holy Cross
Marriott Marquis
GE Bldg.
Center
Astor Plaza Bldg.
Duffy Sq.
St. Patrick's Cathedral
W. 42nd St
Stevens Tower
Avenue of the
Diamond Row
Port Authority Bus Terminal
New York Times
The Muse Hotel
Tower 49
Madame Tussauds Mus.
42nd St.
Times Square
Town Hall
MIDTOWN
270 Park Ave.
New Amsterdam
Times Sq
The Gap
42nd St
Fifth Ave.
Madison Ave.
Vanderbilt Ave
Park Ave.
Eighth Ave.
GARMENT
DISTRICT
N.Y. Teleph. Bldg.
BRYANT PARK
N.Y. Public Library
Grand Central Terminal
Navarre Bldg.
1407 B'way
American Standard Bldg.
Library Hotel
Depew Pl.
Nelson Tower
Lincoln Bldg.
E. 42nd St.
1 Penn Plaza
34th St
Macy's
Grand Central 42nd St
Lord & Taylor
E. 41st St.
Herald Sq.
101 Park Ave.
Pennsylvania St. Amtrak & Long Island R.R.
MURRAY
HILL
34th St
The Morgan Library & Mus.
E. 39th St.
Empire State Bldg.
W. 31st St.
33rd St. PATH-Station
E. 37th St.
E. 34th St.
N
0
200 m
Red Roof Inn
1
2
3
4
5
6
7
8
9
10
11
15

Tour 16

Rockefeller Center: Traum in Art-déco

General Electric Building › Radio City Music Hall › NBC Studio › St. Patrick's Cathedral › Saks Fifth Avenue › Waldorf-Astoria

Start: Ⓢ 47th–50th St. – Rockefeller Center (Train B, D, F, M)
Ziel: Ⓢ 51st St. (Train 4, 6)
Wann: tagsüber, besonders stimmungsvoll in der Vorweihnachtszeit
Distanz: 1,5 km

Das Rockefeller Center wirkt wie eine Stadt für sich. Es besteht aus 19 Hochhäusern im Art-déco-Stil – nicht nur für Architekturfans ein Traum. Ein einzelner Mann, der Millionär John D. Rockefeller, finanzierte das gigantische Bauprojekt, das zur Zeit der Wirtschaftskrise Tausenden von Menschen Arbeit bot.

Ausblick vom Top of the Rock

Das **Rockefeller Center** ist in seiner Gesamtheit ein Erlebnis – und doch ragen Einzelbauten aus dem Ensemble heraus. Markantestes und höchstes Gebäude ist das **General Electric Building** 1, in dessen 70. Etage die Aussichtsplattform **Top of the Rock** (30 Rockefeller Ctr., www.topoftherocknyc.com, tgl. 8–24 Uhr) zunehmend zur Konkurrenz für die des Empire State Building wird. Anders als dort gibt es hier keine langen Warteschlangen an den Fahrstühlen – was fast schade ist, denn auf dem Weg zu den Aufzügen ist eine interessante multimediale Ausstellung zum Rockefeller Center zu sehen. Die Aussichtsplattform selbst ist die vielleicht schönste der Stadt. Ihr offenes Oberdeck wurde im Stil eines Ozeanriesen gestaltet, mit entsprechenden Architekturdetails im Art-déco-Stil. Weil auf einen Schutz durch Glas oder Gitterstäbe verzichtet werden konnte, haben Besucher einen komplett freien Blick auf die Metropole. Vom **Sea Grill** (Seafood, €€) an der Rockefeller Plaza hat man einen schönen Blick auf die Eislaufbahn mit der goldenen Prometheus-Statue. Besonders stimmungsvoll wird es hier zur Vorweihnachtszeit. Wenn der Weihnachtsbaum auf der Plaza erstmals erleuchtet wird, versucht halb New York einen Blick auf das Event zu erhaschen.

MAL PAUSE MACHEN

Einmal sollte man in New York auf dem Stuhl Platz nehmen und sich die Schuhe putzen lassen. Stammkunden schwören auf den Service bei **Eddie's Shoe Repair** im Rockefeller Center.
• Concourse Level

Wem der Sinn nicht nach Fisch steht, der findet im Rockefeller Center noch 30 weitere Restaurants und Cafés, dazu Einkaufsmöglichkeiten wie in einer Kleinstadt. Von 7 bis 10 Uhr wird werktags im gläsernen **Studio** 2 am Südwestende der Rockefeller Plaza (Höhe 49th St.) die Today-Show ausgestrahlt. Zaungäste aus ganz Amerika halten enthusiastisch ihre »Hi Mom«-Schilder hoch, und hoffen, dass ihr Bild von den Kameras eingefangen und landesweit übertragen wird. Im nahen **NBC Experience Store** starten sowohl die NBC-Studio- als auch die Rockefeller-Center-Tour.

Von außen lässt die **Radio City Music Hall** 3 (s. Nightlife, S. 149) kaum erahnen, wie groß das New Yorker Wahrzeichen, ausgelegt für bis zu 6200 Zuschauer, wirklich ist. Bei jeder Show ist der Star immer auch der riesige Saal mit seiner grandiosen Art-

Radio City Music Hall

déco-Ausstattung. Die goldumrahmte Bühne soll den Eindruck eines Sonnenuntergangs auf hoher See vermitteln. Auf der buchbaren Stage Tour wird u. a. die Geschichte der legendären Tanztruppe »The Rockettes« erzählt, die seit 1932 in der Radio City Music Hall perfekt synchron die Beine schwingen.

Als vom Rockefeller Center noch keine Rede war, entstand im Osten des Areals eine gigantische Kirche. Mit Unterbrechungen dauerte es fast 50 Jahre, bis die **St. Patrick's Cathedral** 4 (saintpatrickscathedral.org, tgl. 7–20.30 Uhr) an der 5th Avenue 1906 fertiggestellt war. Der riesige Innenraum des neogotischen Gotteshauses bietet 2200 Gläubigen Platz.

St. Patrick's Cathedral

Saks Fifth Avenue 5 ist in den USA ein Begriff für modische (und nicht ganz billige) Kleidung (s. Shopping, S. 145). Das 1924 eröffnete Stammhaus befindet sich natürlich an der Fifth Avenue. Längst ist dieses Kaufhaus, in dem die Erfolgsgeschichte von Saks begann, nicht mehr das größte der Kette. Und doch sollen hier 20 Prozent des Konzernumsatzes getätigt werden. Kein anderes Hotel ist so untrennbar mit New York verbunden wie das **Waldorf-Astoria** 6 (s. Hotels, S. 133) an der Park Avenue. Der 191 m und 47 Stockwerke hohe Art-déco-Bau gilt als Inbegriff von Hotelluxus. Neben dem Herzog und der Herzogin von Windsor nächtigten hier US-Präsidenten und Prominente. Der berühmte Waldorf-Salat steht natürlich immer noch auf der Speisekarte, kreiert wurde er allerdings im ursprünglichen Waldorf-Astoria an der Fifth Avenue, das beim Bau des Empire State Building abgerissen wurde.

Touren im Anschluss: 15, 16, 17, 18

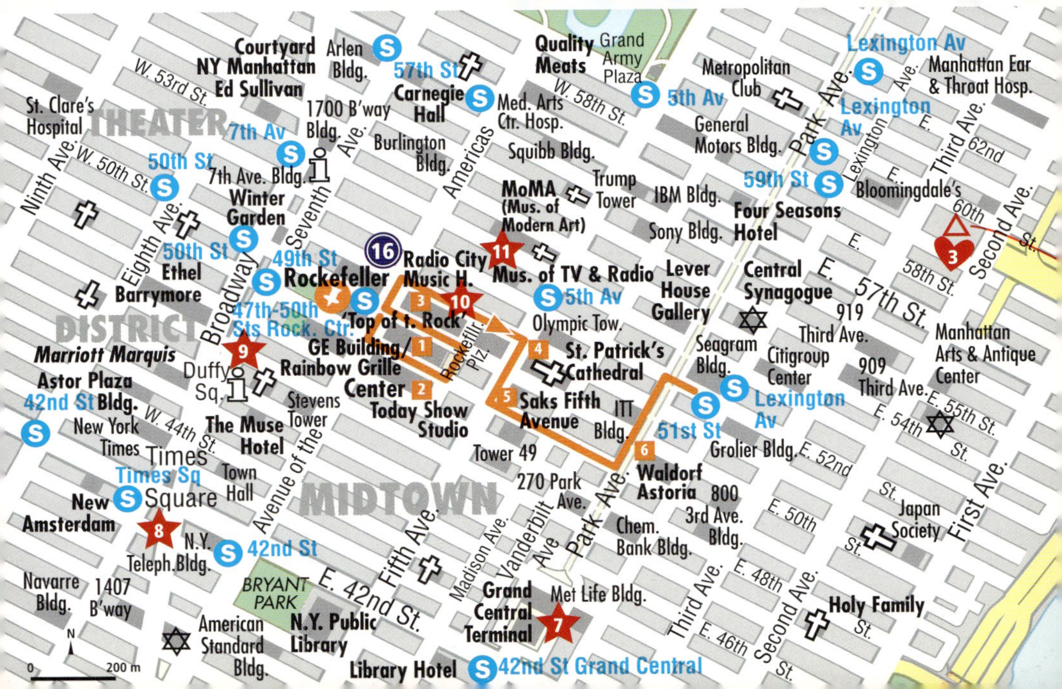
THEATER
DISTRICT
MIDTOWN
Courtyard
NY Manhattan
Ed Sullivan
Arlen Bldg.
57th St
Carnegie Hall
Quality Meats
Grand Army Plaza
Metropolitan Club
Lexington Av
Manhattan Ear & Throat Hosp.
W. 53rd St.
St. Clare's Hospital
1700 B'way Bldg.
Med. Arts Ctr. Hosp.
W. 58th St.
5th Av
General Motors Bldg.
Park Ave.
Lexington Av
Lexington Ave.
Third Ave.
E. 62nd
7th Av
Burlington Bldg.
Squibb Bldg.
50th St
W. 50th St.
Ninth Ave.
7th Ave. Bldg.
Seventh Ave.
Americas
Trump Tower
IBM Bldg.
59th St
Bloomingdale's
E. 60th St.
Winter Garden
MoMA (Mus. of Modern Art)
Four Seasons Hotel
Sony Bldg.
Eighth Ave.
50th St
Ethel Barrymore
Broadway
49th St
16
Radio City Music H.
11
Mus. of TV & Radio
Lever House Gallery
Central Synagogue
E. 58th St.
Second Ave.
3
Rockefeller
47th-50th Sts Rock. Ctr.
'Top of t. Rock'
10
5th Av
Olympic Tow.
E. 57th St.
919 Third Ave.
Manhattan Arts & Antique Center
GE Building/ Rainbow Grille
Center
Rockefllr. Plz.
9
Marriott Marquis
Duffy Sq.
St. Patrick's Cathedral
Seagram Bldg.
Citigroup Center
909 Third Ave.
Astor Plaza Bldg.
42nd St
Stevens Tower
Today Show Studio
Saks Fifth Avenue
ITT Bldg.
Lexington Av
51st St
E. 55th St.
E. 54th St.
New York Times
W. 44th St.
The Muse Hotel
Tower 49
Grolier Bldg.
E. 52nd St.
Times Sq
Times Square
Town Hall
Avenue of the
270 Park Ave.
Waldorf Astoria
800 3rd Ave. Bldg.
Japan Society
First Ave.
New Amsterdam
8
N.Y. Teleph.Bldg.
42nd St
Fifth Ave.
Madison Ave.
Vanderbilt Ave
Park Ave.
Chem. Bank Bldg.
E. 50th St.
Navarre Bldg.
1407 B'way
BRYANT PARK
E. 42nd St.
Grand Central Terminal
Met Life Bldg.
7
Third Ave.
E. 48th
Second Ave.
Holy Family
St.
American Standard Bldg.
N.Y. Public Library
Library Hotel
42nd St Grand Central
E. 46th St.
N
0
200 m
1
2
4
5
6

Tour 17

Moderne Kunst und Mediales in Midtown

Citigroup Center › Central Synagogue › Seagram Building › Museum of Television and Radio › MoMA

Start: Ⓢ Lexington Ave – 53rd St. (Train E, M)
Ziel: Ⓢ 57th St. (Train F)
Wann: tagsüber
Distanz: 1,9 km

Es gibt Kunstinteressierte, die nach New York nur wegen des Museum of Modern Art, kurz MoMA, reisen. Wer sich aber vom Flughafen aus ein Taxi nur zu dieser Ikone der modernen Kunst nimmt, verpasst in direkter Nachbarschaft Hochhäuser mit Geschichte und ein umfangreiches US-Fernseharchiv.

Citigroup Center

Ein Wolkenkratzer auf Stelzen – so etwas bekommt man nicht alle Tage zu sehen. Nicht nur die Höhe von 279 m macht das **Citigroup Center** 1 sehenswert, mit seiner angeschrägten Spitze und dem auf vier Pfeilern ruhenden Aluminiumturm ist es ein Blick- und leider auch Windfang. Ein Student warf im Jahr 1978 die Frage auf, ob die Konstruktion heftigen Böen standhalten könne. Das für die Statik verantwortliche Ingenieursbüro fand heraus, dass starker Wind aus einem bestimmten Winkel dem Citigroup Center tatsächlich gefährlich werden konnte. Daraufhin nahm man schnell strukturelle Verstärkungen vor.

Die **Central Synagogue** 2 an der Lexington Avenue/Ecke East 55th Street wurde 1872 fertiggestellt. Sie ist die älteste durchgehend genutzte Synagoge der Stadt. Ihr Bauschmuck im Moorish Revival Style sollte an das Judentum im maurisch beherrschten Südspanien erinnern.

Der weitere Weg auf der Park Avenue in Richtung Süden führt am **Lever House** und einer kontrovers diskutierten Skulptur vorbei: Damien Hirsts **Virgin Mother** zeigt eine Schwangere, deren rechte Hälfte aufgeschnitten ist und den Blick auf den Fötus freigibt. Unumstritten ein Meilenstein der Architekturgeschichte ist hingegen das **Seagram Building** 3 von Ludwig Mies van der Rohe. Das 157 m hohe Gebäude im International Style hatte enormen Einfluss auf künftige Wolkenkratzer. Van der Rohe ließ als Erster in Manhattan einen Platz zu Füßen eines Gebäudes unbebaut. Auf Entwürfe van der Rohes und seines Schülers Philip Johnson geht auch das Interieur des Nobelrestaurants **Four Seasons** im Seagram Building (amerikanisch, €€) zurück – hier zu dinieren ist ein Erlebnis.

MAL PAUSE MACHEN

Zigtausendfach fotografiert wurde die Skulptur **Ordinary** von Alexander Calder auf der **Plaza vor dem Seagram Building.** Machen Sie das zigtausendunderste Foto und genießen hier einen Pausensnack.

In einem spektakulären Bau Philip Johnsons ist das **Museum of Television and Radio** 4 (offiziell Paley Center for Medias, (25 W. 52nd St., www.paleycenter.org, Mi–So 12–18, Do bis 20 Uhr) untergebracht, das die Overtüre zur Museum Row bildet. Mit annähernd 150 000 archivierten Programmen zur Auswahl fällt die Entscheidung schwer, welche Lieblingssendung man sich auf einer der Radio- bzw. Fernsehkonsolen anhören oder ansehen möchte. In jedem Fall wird der Besuch des Museums auch

A. Calder: Ordinary

zu einer Zeitreise, denn das Archiv reicht weit mehr als ein halbes Jahrhundert zurück. Und vielleicht ist anschließend auch die Verzückung verständlich, mit der Amerikaner vom Fernsehen der guten, alten Zeit sprechen.

Das **Museum of Modern Art (MoMA)** 5 11 (11 W. 53rd St., www.moma.org, tgl. 10.30–17.30, Fr bis 20 Uhr) präsentiert seine riesige Sammlung nun auf einer riesigen Fläche von fast 60 000 m². Trotz der Fülle der Exponate zur modernen Kunst wirkt das Museum nicht überladen. Zu diesem Eindruck trägt

Museum of Modern Art

sicher auch die schlichte Architektur des Japaners Yoshio Taniguchi bei. Meilensteine der Kunstgeschichte wie van Goghs »Sternennacht«, Picassos »Demoiselles d'Avignon« oder Monets »Seerosen« kommen nun noch besser zur Geltung. Das museale Vergnügen hat allerdings seinen Preis: Deutlich mehr als 20 $ sind als Eintrittspreis fällig – außer der geplante Museumsbesuch fällt auf einen Freitag. Dann gilt während der erweiterten Öffnungszeiten von 16 bis 20 Uhr freier Eintritt. Allerdings sollte man sich nicht der Illusion hingeben, während dieses Zeitraums das Museum auch nur annähernd erkunden zu können. Egal an welchem Tag: Wer den hervorragend sortierten Museumsshop **MoMA Design Store** (s. Shopping, S. 143) auslässt, macht einen Fehler.

Mit Restaurants ist die Museum Row nicht gerade reich gesegnet. Eine Ausnahme bildet das dem MoMA angeschlossene **The Modern** (amerikanisch, €€), wo man die Kulturtour trefflich abschließen kann.

Touren im Anschluss: 16, 18, 21

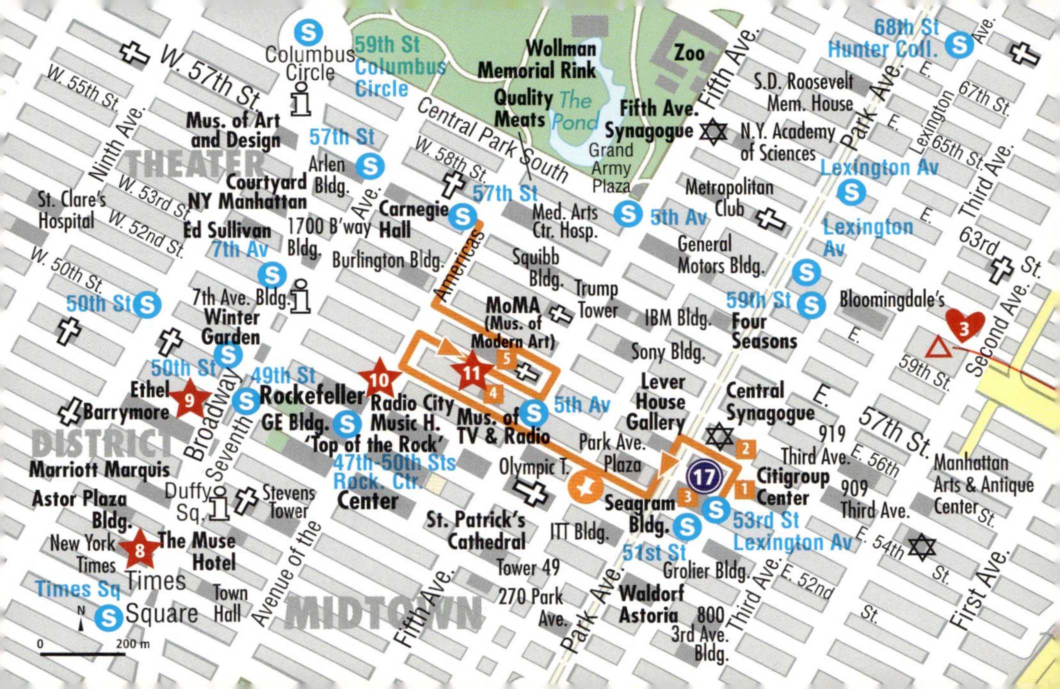
W. 57th St.
Columbus Circle
59th St Columbus Circle
Wollman Memorial Rink
Zoo
Fifth Ave.
68th St Hunter Coll.
Ave.
W. 55th St.
Ninth Ave.
Mus. of Art and Design
57th St
Central Park South
Quality Meats
The Pond
Fifth Ave. Synagogue
S.D. Roosevelt Mem. House
Park Ave.
Lexington
67th St.
E.
N.Y. Academy of Sciences
65th St.
Third Ave.
THEATER
Arlen Bldg.
Grand Army Plaza
W. 58th St.
Lexington Av
St. Clare's Hospital
W. 53rd St.
Courtyard NY Manhattan
Ave.
Carnegie Hall
57th St
Med. Arts Ctr. Hosp.
5th Av
Metropolitan Club
Lexington Av
63rd St.
W. 52nd St.
Ed Sullivan
7th Av
1700 B'way Bldg.
Burlington Bldg.
Americas
Squibb Bldg.
General Motors Bldg.
W. 50th St.
7th Ave. Bldg.
Trump Tower
59th St
Bloomingdale's
Second Ave.
50th St
Winter Garden
MoMA (Mus. of Modern Art)
IBM Bldg.
Four Seasons
E.
59th St.
50th St
49th St
Sony Bldg.
Ethel
Barrymore
Rockefeller
Radio City Music H.
Lever House Gallery
Central Synagogue
E.
57th St.
5th Av
Mus. of TV & Radio
919
DISTRICT
Broadway
Seventh
GE Bldg.
'Top of the Rock'
Park Ave. Plaza
Third Ave.
E. 56th
Manhattan Arts & Antique Center
St.
Marriott Marquis
47th-50th Sts Rock. Ctr.
Olympic T.
Citigroup Center
909 Third Ave.
Duffy Sq.
Stevens Tower
Center
Astor Plaza Bldg.
Seagram Bldg.
53rd St Lexington Av
E. 54th St.
New York Times
The Muse Hotel
St. Patrick's Cathedral
ITT Bldg.
51st St
Grolier Bldg.
Avenue of the
Tower 49
E. 52nd St.
Times Sq
Times Square
Town Hall
Fifth Ave.
Park Ave.
Waldorf Astoria
Third Ave.
First Ave.
MIDTOWN
270 Park Ave.
800 3rd Ave. Bldg.
N
0
200 m

Tour 18

Fifth Avenue: Shop ’til you drop

Bloomingdale’s › DKNY › FAO Schwarz › IBM Building › Tourneau › Niketown › Apple › Tiffany & Co. › Trump Tower › Abercrombie & Fitch

Start: Ⓢ Lexington Ave. – 59th St. (Train N, Q, R)
Ziel: Ⓢ 5th Ave. – 53rd St. (Train E, M)
Wann: tagsüber oder am frühen Abend, auch bei Regen
Distanz: 1,3 km

»Shop ’til you drop«, »Einkaufen bis zum Umfallen«, lautet eine Devise, der die Amerikaner allzeit bereitwillig folgen. Extensives Shopping ist Volkssport. In einigen Geschäften auf dieser Tour wird es jedoch besser sein, sich aufs Zuschauen zu beschränken.

MAL PAUSE MACHEN

Noch ein Eintrag für die Liste »Das gibt’s nur in New York«: ein **Cupcake-Automat,** der rund um die Uhr Teilchen ausspuckt. Nicht hungrig? Cupcakes gehen immer.
• Lexington Avenue nahe der 60th St.

Das exklusive Kaufhaus **Bloomingdale’s** 1, auch liebevoll »Bloomie’s« genannt, ist eine New Yorker Institution. Von Kosmetika über Kleidung bis zu Einrichtungsgegenständen findet man hier alle bekannten Marken. Berühmt sind die Bloomingdale-Einkaufstaschen: Die »Brown Bags« wurden von Stardesignern wie Michael Vollbracht entworfen.

Auf der Madison Avenue in Höhe der E. 60th Street buhlen links **DKNY** (s. Shopping, S. 142) und rechts **Calvin Klein** um zahlungskräftige Kunden. In den Räumen von **FAO Schwarz** 2 (s. Shopping, S. 142), dem angeblich größten Spielzeuggeschäft der Welt, hat man auch als Erwachsener einen Riesenspaß. Gut betuchte Eltern können das Geschäft für eine Nacht mieten. Die Kids feiern dann die Party ihres Lebens, während Mama und Papa vielleicht bei **TAO** (42 E. 58th St., asiatisch, €€), bekannt aus »Sex and the City«, entspannen.

FAO Schwarz

Gar nichts mit Shoppen zu tun hat das ehemalige **IBM Building,** heute nach seiner Hausnummer 590 Madison benannt. Doch seine Architektur ist bemerkenswert: Der Basis des Wolkenkratzers aus poliertem schwarzen Stein fehlt eine Ecke, weswegen Teile des Turms in der Luft zu schweben scheinen. Die Leerstelle nimmt Alexander Calders Plastik **Saurien** ein. Am Flagshipstore der Uhrenkette **Tourneau** (12 E. 57th St.) zeigen 18 Uhren die Zeit in aller Welt an, darüber prangt eine riesige mit der US-Ostküstenzeit. Eher eine Welt als, wie der Name andeutet, eine Stadt für sich ist **Niketown** (s. Shopping, S. 144). Der Konsumtempel bietet sich an, Leute zu schauen, für die ein Paar Turnschuhe mit Nike-Symbol den höchsten aller Wünsche darstellt.

A. Calder's Saurien

Kult auf einer anderen finanziellen Ebene wird um die Produkte der Marke **Christian Dior** getrieben (21 E. 57th St). Auch wenn viele der modischen Accessoires unerschwinglich erscheinen, dürfte das Budget doch für ein Parfum reichen, das das weltberühmte Logo Christian Diors trägt.

Vor dem Einbiegen nach links in die 5th Avenue ist ein kurzer Abstecher nach rechts nicht nur für Computerfans Pflicht: Der **Apple Store** 3 (767 5th Ave) ist einer der umsatzstärksten des Konzerns – das Gedränge erweckt den Eindruck, dass es hier irgendwo etwas umsonst geben müsste.

Der Juwelier **Tiffany & Co.** 4 wurde durch den Film »Frühstück bei Tiffany« mit Audrey Hepburn weltberühmt. Seine Geschichte reicht bis ins Jahr 1837 zurück, als Tiffany (ohne Co.) noch Schreibwaren verkaufte. Die Zurückhaltung von Tiffany & Co. ist so gar nicht Sache des Finanz-Tycoons Donald Trump. Dessen **Trump Tower** ragt direkt neben dem Juwelier 68 Stockwerke in die Höhe. Über die vergoldeten T's im Atrium kann man fassungslos den Kopf schütteln – oder einfach nur lächeln. In der Lobby zieht ein 60 m hoher Wasserfall vor lachsfarbener Marmorwand die Blicke auf sich. Das Glitzerparadies ist eine Art Shoppingmall für die oberen Zehntausend.

Trump Tower

Der Zenit des Erfolgs von **Abercrombie & Fitch** 5 (s. Shopping, S. 140) könnte, wenn man Medienberichten Glauben schenken soll, bereits überschritten sein. Im New Yorker Flagship Store merkt man von einer Krise aber nichts. Die farbenfrohe Mode, erkennbar am Elch-Logo, sieht schon im Laden abgenutzt aus – ein Stilmittel des Vintagelooks. Vor einem Besuch sollte man sich Ohrenstöpsel zulegen. Die laut wummernde Musik findet wohl nur erträglich, wer das 20. Lebensjahr noch nicht vollendet hat. Besonders die spanische Zara-Kette macht »A & F« zu schaffen. Deren 5th-Ave-Filiale befindet sich mit der Nr. 666 sozusagen in Sichtweite. Was viele nicht wissen, auch die aufstrebende Kette Massimo Dutti (Nr. 689) gehört wie Zara zum spanischen Inditex-Konzern. Natürlich ist auch **The Gap** (Nr. 680, s. Shopping, S. 145) an der Fifth Avenue mehrfach vertreten.

Touren im Anschluss: 16, 17, 19

CENTRAL PARK
Frick Collection
St. James
Center for Inter-American Relations
Central Park W.
West Drive
HECKSCHER PLAYGROUND
Centre Drive
The Dairy Visitor Center
Children's Zoo
Temple Emanu-El
68th St Hunter Coll.
Maine Memorial
59th St Columbus Circle
Columbus Circle
Wollman Memorial Rink
Zoo
Fifth Ave.
S.D. Roosevelt Mem. House
Park Ave.
Quality Meats
The Pond
Fifth Ave. Synagogue
N.Y. Academy of Sciences
Central Park South
57th St
Arlen Bldg.
W. 58th St.
W. 57th St.
Grand Army Plaza
Calvin Klein
Lexington Av
Lexington
E. 63rd St.
Carnegie Hall
57th St
Americas
5th Av
DKNY
Apple Store
GM Bldg.
FAO Schwarz
NY Doll Hospital
Seventh
Burlington Bldg.
Abercombie & Fitch
Tiffany
Tao
Trump Tower
Niketown
Four Seasons
E. 60th St.
the
Disney Store
IBM Bldg.
59th St Lexington Av
Bloomingdale's
MoMA
Sony Bldg.
E. 59th St.
Zara
Massimo Dutti
Third Ave.
Rockefeller
Radio City Music H.
Mus. of TV & Radio
5th Av
Lever House Gall.
Central Synagogue
E. 57th St.
47th-50th Sts Rock. Ctr.
Center
Olympic Tower
Park Ave. Plaza
Seagram Bldg.
919 Third Ave.
E. 56th St.
Citigroup Center
909 Third Ave.
E. 55th St.
Ave. of
St. Patrick's Cathedral
ITT Bldg.
51st St
Lexington Av
Tower 49
Grolier Bldg.
E. 53rd St.
MIDTOWN
270 Park Ave.
Park Ave.
Waldorf Astoria
800 3rd Ave. Bldg.
E. 51st St.
Fifth Ave.
Vanderbilt Ave
Chem. Bank Bldg.
E. 49th St.
Japan Society
First Ave.
Third Ave.
E. 47th St.
Second Ave.
N.Y. Public Library
Grand Central Terminal
Met Life Bldg.
Lincoln Bldg.
Chrysler Bldg.
E. 45th St.
Holy Family
Grand Central 42nd St
E. 42nd St.
Statue of Peace
N
0
200 m

Tour 19

Upper East Side: Kunst und Natur

Metropolitan Museum of Art › Frick Collection › Central Park Zoo › Wollman Rink › Grand Army Plaza

Start: Ⓢ 77th St. (Train 4, 6)
Ziel: Ⓢ 5th Ave.–59rd St. (Train N, Q, R)
Wann: tagsüber, auch bei Regen
Distanz: 4,3 km

Mit dem Metropolitan Museum of Art und der Frick Collection wartet diese Tour für Kunstliebhaber mit einem Museums-Doppel auf, das es in sich hat. Zum Glück bieten die exquisiten Restaurants der East Side Erholung, wenn einem nach der großen Dosis Kunst der Kopf brummt.

Metropolitan Museum of Art

Kunstfreunde müssen achtgeben, dass diese Tour nicht schon gleich am Anfang ihr Ende findet – das **Metropolitan Museum of Art** 1 (1000 5th Ave., 1000 5th Ave, Höhe 84th Street, www.metmuseum.org, tgl. 10 bis 17.30, Fr, Sa bis 21 Uhr) beherbergt eine der bedeutendsten Kunstsammlungen der westlichen Welt. In dem einzigen großen Gebäude des Central Parks kann man sich leicht verlieren. Der 1880 errichtete Backsteinbau, an dessen Gestaltung Calvert Vaux beteiligt war, wurde im Laufe der Jahrzehnte immer wieder erweitert. Die Ausstellung des Universalmuseums umfasst Exponate von steinzeitlichen Kultgegenständen bis zu Werken der Gegenwartskunst. Die größten Abteilungen widmen sich Europa und Amerika, außerdem gibt es Themenschwerpunkte u.a. zu Ägypten, Afrika und Asien. Zu den Highlights gehören der Tempel von Dendur, Frank Lloyd Wrights Arbeitszimmer und eine Bankfassade aus der Wall Street. Sofern man nicht Wochen im Metropolitan Museum verbringen will, trifft man am besten vorab eine Auswahl, was man sehen möchte, und konzentriert sich darauf. Einen Informationsstand gibt es in der Eingangshalle. Eine gute Strategie kann es auch sein, sich einer der geführten Touren anzuschließen. Doch auch das ist nicht so einfach. Mehr als 200 solche Angebote gibt es in einer Woche. Wer das Meiste aus seinem Besuch des Metropolitan Museum of Art herausholen will, plant seinen Besuch für Freitag oder Samstag ein. Dann hat die Ausstellung bis 21 Uhr geöffnet.

MAL PAUSE MACHEN

Auch Kunst kann erschöpfen: Bei einem Besuch der Ausstellung im Metropolitan Museum of Art können Sie Ihre Batterien auf der Dachterrasse **Cantor Roof Garden** aufladen.

• Lila Acheson Wallace Wing

Naturgemäß muss im Schatten des Metropolitan Museum of Art jedes andere Museum klein wirken – was aber natürlich keine Rückschlüsse auf die Qualität der Ausstellungen zulässt.

Die **Frick Collection** 2 (1 E. 70th St., www.frick.org, Di–Sa 10–18, So 11–17 Uhr) ist im ehemaligen Stadtpalast des Stahlmagnaten Henry Clay Frick untergebracht. Er ließ die neoklassizistische Villa 1914 eigens erbauen, um seiner umfangreichen Sammlung Alter Meister – u.a. Brueghel, Vermeer, Rembrandt, El Greco, Goya und Velázquez – einen würdigen Rahmen zu bieten. Die Kunstwerke wurden teilweise in ihrer ursprünglichen Umgebung belassen, z.B. im Speisezimmer oder

Frick Collection

in der Bibliothek, und geben so einen Eindruck vom Lebensstil des New Yorker Geldadels im 19. Jh. Nach diesem Museumsdoppel wird es Zeit für andere Genüsse. In der Upper East Side haben sich neben prämierten Gourmetadressen auch viele gemütliche Familienrestaurants angesiedelt. Gehobene Küche wird hingegen im **JoJo** (160 E. 64th St., französisch, €€–€€€) zelebriert, einem Restaurant des Starkochs Jean-Georges Vongerichten. Nicht nur die exquisiten Gerichte, auch die Gäste sind hier ein Erlebnis – Menschen aus aller Welt genießen hier vor dem Theater- oder nach dem Museumsbesuch die Atmosphäre des Bistros im Stil der Jahrhundertwende.

Über die E. 64th Street geht es anschließend wieder zurück nach Westen in Richtung Central Park. Wer Kinder im Schlepptau hat, sollte dem **Central Park Zoo** 3 (64th St./5th Ave, centralparkzoo.com, tgl. 10–17, Sa, So bis 17.30 Uhr, im Sommer länger) einen Besuch abstatten. Mit seinen 20 000 m² ist er im Vergleich zum Bronx Zoo winzig – die liebevoll gestaltete Anlage mit Tropic Zone, Temperate Territory und Polar Circle erfreut sich jedoch bei den New Yorkern großer Beliebtheit. Im Zoo-Eintritt ist der Zugang zu **Tisch's Children Zoo** enthalten mit einem Streichelgehege für kleine Tierfreunde. Auf dem **Wollman Memorial Rink** 4 kann man je nach Jahreszeit eislaufen oder inlineskaten (Ausleihe möglich) – bei einem fantastischen Blick auf die Skyline. Den Central Park verlassen Sie anschließend über die **Grand Army Plaza** 5, wo der Pulitzer Memorial Fountain einen eindrucksvollen Akzent setzt.

Wollman Memorial Rink

Touren im Anschluss: 17, 18, 20

Columbus Ave.
Rose Center for Earth and Space
81st St-Museum of Natural History
THE GREAT LAWN
Guggenheim Museum
Yivo Institute for Jewish Research
American Museum of Natural History
Delacorte Theater
Cleopatra's Needle
Belvedere Castle
Turtle Pond
N.Y. Historical Society
Central Park West
Transverse Rd. No.2
Metropolitan Museum of Art
Fifth Avenue
Goethe Institute
Madison Ave.
E. 82nd St.
E. 81st St.
West Drive
THE RAMBLE
CENTRAL
PARK
Ukrainian Inst. of America
72nd St
The Lake
Statue of Alice in Wonderland
YORKVILLE
STRAWBERRY FIELDS
Boathouse Reastaurant
E. 79th St.
Harkness House
77th St
Bethesda Fountain
Statue of H. Ch.Andersen
Conservatory Pond
Lenox Hill Hospital
E. 77th St.
THE SHEEP MEADOW
Bridle Path
Frick Art Reference Library
St. James
E. 74th St.
Frick Collection
Asia Society
UPPER EAST SIDE
Center for Inter-American Relations
E. 72nd St.
The Dairy Visitor Center
Centre Drive
Children's Zoo
Temple Emanu-El
68th St Hunter Coll.
Hunter College
E. 71st St.
Wollman Memorial Rink
Zoo
S.D. Roosevelt Mem. House
Park Ave.
Park East Synagogue
E. 69th St.
The Pond
Fifth Ave.
Fifth Ave. Synagogue
Lexington Ave.
E. 67th St.
E. 66th St.
E. 65th St.
E. 64th St.
E. 63rd St.
Third Ave.
Second Ave.
First Ave.
Grand Army Plaza
Metropolitan Club
JoJo
Med. Arts Ctr. Hosp.
5th Av
Lexington Av
Manhattan Ear & Throat Hosp.
General Motors Bldg.
N
0
200 m

Tour 20

Die Museumsmeile in Carnegie Hill

Neue Galerie › Solomon R. Guggenheim Museum › Cooper-Hewitt National Design Museum › Jewish Museum › Museum of the City of New York › El Musio del Barrio

Start: Ⓢ 86th St. (Train 4, 5, 6)
Ziel: Ⓢ 103rd St. (Train 4, 6)
Wann: tagsüber, auch bei Regen
Distanz: 2,3 km

Für Museumsliebhaber droht bei dieser Tour die Qual der Wahl – nicht umsonst wird der nördliche Abschnitt der 5th Avenue sogar in den Stadtplänen als »Museum Mile« bezeichnet. Eine Reihe meist kleiner, aber feiner Museen bietet die ideale Gelegenheit an einem Regentag – aber natürlich nicht nur dann.

MAL PAUSE MACHEN

Überraschung in der Neuen Galerie: Im Erdgeschoss verbreitet das **Café Sabarsky** original Wiener Kaffeehaus-Charme. Ein willkommener Kontrapunkt zur Hektik von New York.

Vom Startpunkt dieser Tour ist die Fifth Avenue (die bis zur E. 105th Street Museum Mile heißt) nur drei Blocks entfernt. Mit einigem Selbstbewusstsein wartet hier die **Neue Galerie** 1 (1048 5th Ave., www.neuegalerie.org, Do–Mo 11–18 Uhr) auf. Das Museum für deutsche und österreichische Kunst des frühen 20. Jhs. (u. a. Klimt, Schiele, Kokoschka, Klee, Kandinsky) hat sich gar nicht erst die Mühe gemacht, nach einem US-Namen zu suchen.

Ein Vermächtnis Frank Lloyd Wrights an New York ist das 1959 eröffnete **Guggenheim Museum** 2 (1071 5th Ave., www.guggenheim.org, So–Mi und Fr 10–17.45, Sa bis 19.45 Uhr). Das einzigartige Gebäude wirkt von außen wie ein auf den Kopf gestelltes Schneckenhaus. Im Inneren folgt der Besucher einer spiralförmigen Rampe nach oben und hat so die Möglichkeit, die Ausstellungsstücke aus verschiedenen Perspektiven zu betrachten. Im »Schneckenhaus« werden Wechselausstellungen gezeigt, während die berühmte Sammlung der klassischen Moderne sich in einem modernen Anbau befindet.

Guggenheim Museum

Das Old Carnegie Mansion verdeutlicht, wie aus der nördlichen Fifth Avenue die Museumsmeile wurde. Wer um 1900 in New York etwas auf sich hielt, ließ sich hier ein repräsentatives Anwesen errichten – und er sammelte Kunst. Als der Geldadel an Einfluss verlor, wurden viele Villen in Stiftungen umgewandelt. So ist im Old Carnegie Mansion, das sich Stahl-Magnat Andrew Carnegie 1901 bauen ließ, heute das **Cooper-Hewitt National Design Museum** 3 (2 E. 91st St., www.cooperhewitt.org, tgl. 10–18, Sa bis 21 Uhr) untergebracht. Es besitzt die größte Sammlung von Architektur- und Designentwürfen in den USA, zudem Möbel, Textilien, Keramik sowie Holz- und Glasarbeiten. In der Grünanlage stehen Gartenbänke des Central Parks aus verschiedenen Epochen. Ihre Töchter schickte die High Society gern ins **Convent of the Sacred Heart** 4, bis heute New Yorks exklusivste private Mädchenschule. Die bereits 1881 gegründete katholische Lehranstalt ist in zwei prachtvollen Stadtpalästen untergebracht, den Otto Kahn und James A. Burden Jr. Mansions.

Jewish Museum

Das **Jewish Museum** 5 (1109 5th Ave., thejewishmuseum.org, Fr–Di 11–17.45, Do 11 bis 20 Uhr) fand seinen Platz in einem neogotischen Anwesen von 1908. Die Sammlung lässt 4000 Jahre jüdischer Geschichte Revue passieren. Besonders gern besucht wird jener Teil des Museums, der den Einfluss der Juden auf die amerikanische Radio- und TV-Landschaft reflektiert – einige der größten Komiker des Landes sind jüdischen Glaubens.

Bis zum nächsten Museum ist es ein ordentlicher Fußmarsch, weshalb sich zuvor eine Stärkung empfiehlt. Über die E. 94th Street und die Madison Avenue erreicht man eines der wenigen Restaurants in dieser Gegend, das **Maharaja Palace** (indisch, €€). Die Portionen sind üppig, die Preise moderat.

Anschließend führt die Tour weiter zum **Museum of the City of New York** 6 (MCNY, 1220 5th Ave., www.mcny.org, tgl. 10 bis 18 Uhr). Es wurde 1923 als erstes stadtgeschichtliches Museum der USA gegründet. Bei der Auswahl der Exponate war weniger ein Gesamtüberblick angestrebt; stattdessen dokumentieren ausgewählte Themenbereiche und Zeitabschnitte die Entwicklung des städtischen Lebens. Dazu gehören z. B. Ausstellungsstücke aus dem Theater, eine Spielzeug- und Puppenhaussammlung, Gemälde, Fotografien, Kostüme und seltene Bücher.

Hinter dem Namen **El Museo del Barrio** 7 (1230 5th Ave., www.elmuseo.org, Di–Sa 11–18 Uhr) verbirgt sich das einzige Museum in New York, das sich der Kunst und Kultur der hispanischen Einwanderer widmet, vor allem jener der Puertoricaner. Es setzt einen Kontrapunkt zu glatt gebürsteten Ausstellungen. Der Enthusiasmus der Betreiber ist überall zu spüren.

El Museo del Barrio

Tour im Anschluss: 19

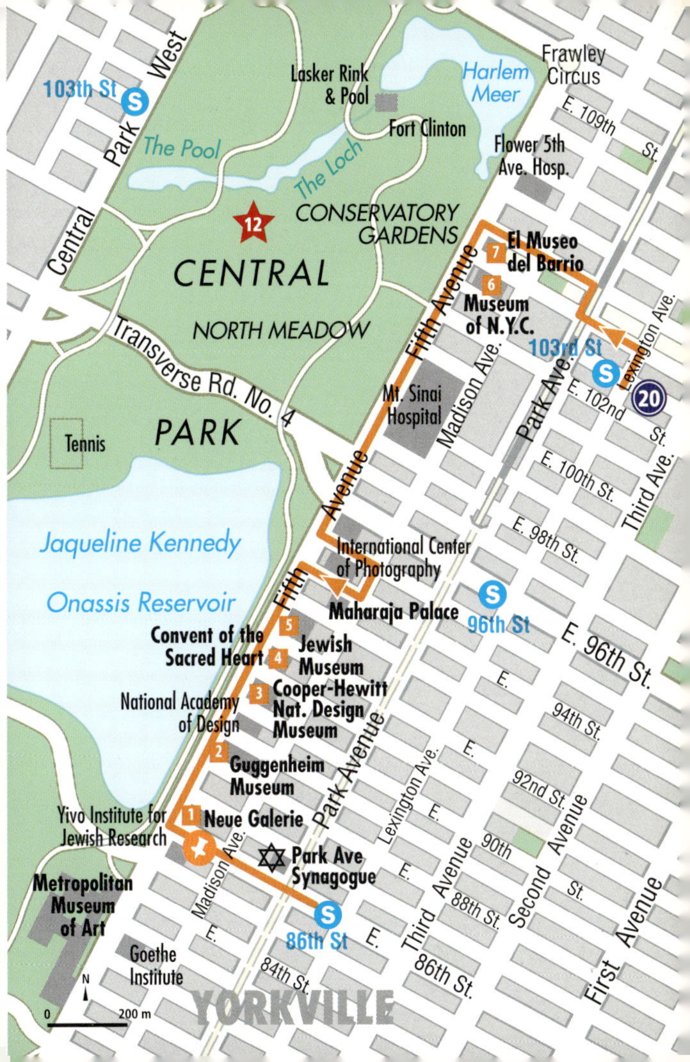

103th St
Central Park West
Lasker Rink & Pool
Harlem Meer
Frawley Circus
E. 109th St.
Fort Clinton
The Pool
The Loch
Flower 5th Ave. Hosp.
12
CONSERVATORY GARDENS
CENTRAL
NORTH MEADOW
PARK
Transverse Rd. No. 4
Tennis
7 El Museo del Barrio
6 Museum of N.Y.C.
Fifth Avenue
103rd St
Lexington Ave.
20
E. 102nd St.
Mt. Sinai Hospital
Madison Ave.
Park Ave.
E. 100th St.
Third Ave.
E. 98th St.
Jaqueline Kennedy Onassis Reservoir
International Center of Photography
Maharaja Palace
96th St
E. 96th St.
5 Jewish Museum
4 Convent of the Sacred Heart
3 Cooper-Hewitt Nat. Design Museum
National Academy of Design
E. 94th St.
2 Guggenheim Museum
Park Avenue
Lexington Ave.
E. 92nd St.
Second Avenue
1 Neue Galerie
Yivo Institute for Jewish Research
Park Ave Synagogue
E. 90th St.
Third Avenue
E. 88th St.
First Avenue
Metropolitan Museum of Art
86th St
E. 86th St.
E. 84th St.
Goethe Institute
YORKVILLE
N
0
200 m

Tour 21

Lincoln Center und Carnegie Hall

Lincoln Center for the Performing Arts › Tucker Square Greenmarket › American Folk Art Museum › Columbus Circle › Time Warner Center › Museum of Arts & Design › Carnegie Hall

Start: Ⓢ 66th St. – Lincoln Center (Train 1, 2)
Ziel: Ⓢ 57th St./7 Ave. (Train N, Q, R)
Wann: tagsüber, Do und Sa ist Farmers Market
Distanz: 2,3 km

Wo sich heute die Musentempel reihen, tobten früher erbitterte Bandenkriege. Die Erbauung des Lincoln Center verlieh einem vernachlässigten Stadtteil ein völlig neues Gesicht. Den rauen Alltag in San Juan Hills – der Slum nahm etwa den Bereich der heutigen 60er-Streets ein – schildert das berühmte Musical »West Side Story«, das 1961 auch verfilmt wurde.

Metropolitan Opera

Mit Kleinigkeiten geben sich die New Yorker nicht ab. Diese Erkenntnis bestätigt sich ein weiteres Mal, wenn man aus der U-Bahn-Station kommt und das **Lincoln Center for the Performing Arts** 1 bestaunt. Alle Hallen zusammengenommen bieten 18 000 Besuchern Platz. Beliebtestes Fotomotiv ist das **Metropolitan Opera House** mit seinen fünf riesigen Bogenfenstern, 1966 entworfen von Architekt Wallace K. Harrison. Die »New York Met« ist zwar die Diva im Lincoln Center, aber längst nicht der einzige Besuchermagnet. Gegenüber dem Opernhaus thront die klassizistische **Avery Fisher Hall,** heute Sitz der New Yorker Philharmoniker. Im **David H. Koch Theater** ist das New York City Ballet untergebracht. Im **Lincoln Center Theater** (www.lincolncenter.org) wetteifern zwei Theater um die Gunst der Zuschauer, das Vivian Beaumont Theater und das kleine Mitzi E. Newhouse Theater. Touren führen täglich durch die wichtigsten Gebäude und über das Gelände. An der Ecke W. 66th Street/Columbus Avenue kann man donnerstags und samstags ein Kontrastprogramm zur Kunst erleben: Zu jeder Jahreszeit füllen Bauern am **Tucker Square Greenmarket** die Auslagen ihrer Stände mit Obst, Gemüse, Käse und Fleisch.

In unmittelbarer Nachbarschaft hat das **American Folk Art Museum** **2** (2 Lincoln Sq., folkartmuseum.org, Di–Do, Sa 11.30 bis 19, Fr 12–19.30, So 12–18 Uhr) seine neue Heimat gefunden. Amerikanische Malerei und Skulpturen des 18. und 19. Jhs. sind hier in einer beeindruckenden Ausstellungsfülle zu sehen.

Gute Nachrichten für die Fans des aus unzähligen Filmen bekannten Central-Park-Lokals **Tavern on the Green**. Das nach einhelliger Meinung romantischste Restaurant der Stadt, das 2009 zum Schrecken der New Yorker schloss, wurde aufwendig restauriert und nun unter neuer Leitung wiedereröffnet. Doch die Zeit schritt voran, und so erwuchs dem neuen »Tavern on the Green« eine mächtige Konkurrenz: das hochgelobte **Nougatine at Jean Georges** (s. Restaurants, S. 137). Ein Spaziergang durch die Südwestecke des Central Parks führt weiter zum **Columbus Circle,** wo sich eine der raren Gelegenheiten bietet, die New Yorker in einem Kreisverkehr fahren zu sehen. Während

Columbus Circle

Edelboutiquen in den unteren Stockwerken des **Time Warner Center** 3 auf Kunden warten, sind in den Etagen fünf bis sieben unter Federführung des **Lincoln Centers** zwei Konzerthallen und ein **Jazz-Café** untergebracht (s. Nightlife, S. 148). Dank der Glasfassade sind hinter der Bühne der Central Park und die Skyline von New York zu sehen. Der Hochhauskomplex mit den 229 m hohen Zwillingstürmen von David Childs beherbergt weiterhin u.a. die CNN-Studios und ein 5-Sterne-Hotel. Das **Museum of Arts & Design** 4 (2 Columbus Cir., www.madmuseum.org, Di–So 10 bis 18, Do, Fr bis 21 Uhr) zeigt zeitgenössisches Kunsthandwerk aus diversen Materialien.

MAL PAUSE MACHEN

Das **Aveda Experience Center** verspricht eine Auszeit für die Seele. Beruhigende Aromen und entspannende Lotionen sollen beim kurzzeitigen Abschalten helfen.
- Time Warner Center, 3. Etage

Über W. 58th Street und 7th Avenue führt der Weg nun zur 1890–97 erbauten **Carnegie Hall** 5, einer der berühmtesten Konzerthallen der Welt. Der Backsteinbau im Stil der Neorenaissance wurde von Stahlmagnat Andrew Carnegie gesponsort. Peter Tschaikowsky dirigierte das Eröffnungskonzert. Die Carnegie Hall wird überwiegend für klassische Konzerte genutzt. Der Hauptsaal fasst 2800 Besucher und die Akustik ist unübertrefflich. Trotz der Namensverwandtschaft hat **Carnegie Deli** (amerikanisch, €€) an der 854 7th Avenue nichts mit der Carnegie Hall zu tun. Gleichwohl ist das Restaurant eine Berühmtheit, nicht erst, seit es in Woody Allens Film »Broadway Danny Rose« eine wichtige Rolle spielte. Als Spezialität des Lokals gelten Pastrami und Corned Beef. Die Portionen sind riesig. Vielleicht sollte man also noch einen Verdauungsspaziergang anschließen, bevor man sich in den U-Bahn-Sitz fallen lässt.

Touren im Anschluss: 15, 17, 19, 22

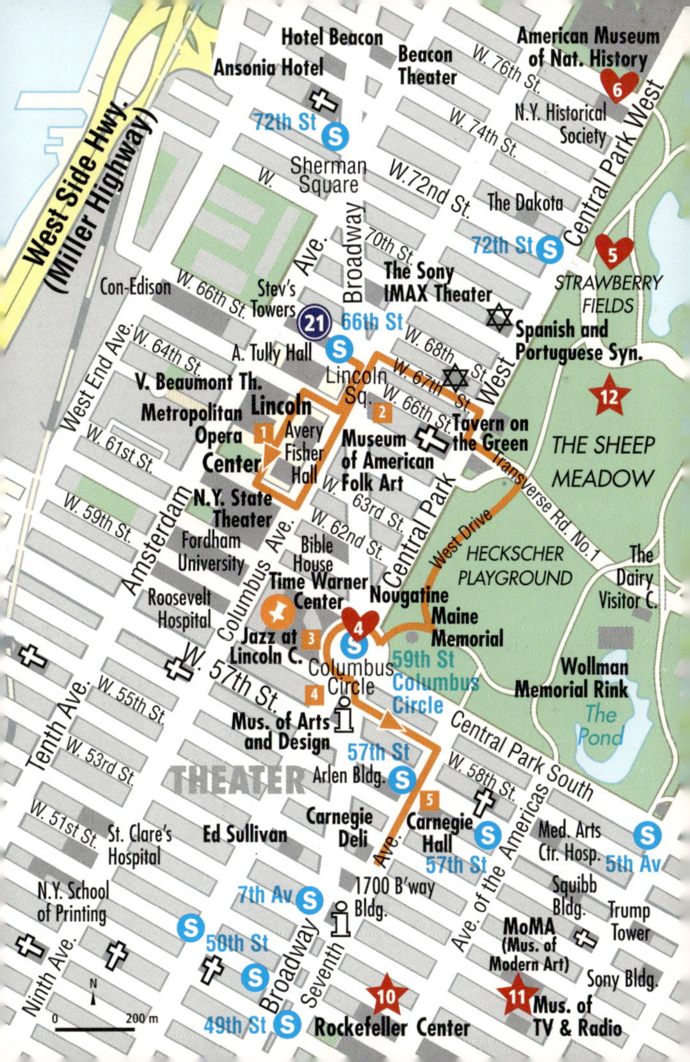

Hotel Beacon
Ansonia Hotel
Beacon Theater
American Museum of Nat. History
W. 76th St.
72th St
W. 74th St.
N.Y. Historical Society
Sherman Square
W.
W.72nd St.
The Dakota
Central Park West
West Side Hwy. (Miller Highway)
Ave.
Broadway
70th St.
72th St
STRAWBERRY FIELDS
The Sony IMAX Theater
Con-Edison
W. 66th St.
Stev's Towers
21
66th St
Spanish and Portuguese Syn.
W. 68th St.
West End Ave.
W. 64th St.
A. Tully Hall
Lincoln Sq.
W. 67th St.
West
V. Beaumont Th.
Metropolitan Opera
Lincoln Center
Avery Fisher Hall
W. 66th St.
Tavern on the Green
Museum of American Folk Art
THE SHEEP MEADOW
W. 61st St.
W. 63rd St.
N.Y. State Theater
Transverse Rd. No.1
Central Park
West Drive
W. 59th St.
Amsterdam Ave.
Fordham University
W. 62nd St.
HECKSCHER PLAYGROUND
The Dairy Visitor C.
Bible House
Time Warner Center
Nougatine
Roosevelt Hospital
Columbus Ave.
Maine Memorial
Jazz at Lincoln C.
Columbus Circle
59th St Columbus Circle
Wollman Memorial Rink
W. 57th St.
The Pond
Tenth Ave.
W. 55th St.
Mus. of Arts and Design
Central Park South
W. 53rd St.
57th St
THEATER
Arlen Bldg.
W. 58th St.
W. 51st St.
St. Clare's Hospital
Ed Sullivan
Carnegie Deli
Carnegie Hall
Ave. of the Americas
Med. Arts Ctr. Hosp.
5th Av
57th St
N.Y. School of Printing
7th Av
1700 B'way Bldg.
Squibb Bldg.
Trump Tower
50th St
MoMA (Mus. of Modern Art)
Ninth Ave.
Broadway
Seventh Ave.
Sony Bldg.
N
0
200 m
49th St
Rockefeller Center
Mus. of TV & Radio

Tour 22

Meisterwerk in Grün: Der Central Park 12

Strawberry Fields › Mall › Bethesda Terrace › Wagners Cove › Shakespeare Garden › Delacorte Theater › Belvedere Castle › American Museum of Natural History

Start: Ⓢ 72nd St. (Train A, B, C)
Ziel: Ⓢ 81st St. – Museum of Natural History (Train A, B, C)
Wann: tagsüber
Distanz: 3,0 km

In New York muss alles ein bisschen größer sein. Das gilt auch für den Central Park, die grüne Lunge der Stadt. Wer die Riesenanlage erkunden will, braucht dafür mindestens einen Tag, kann hier theoretisch aber auch einen kompletten Kurzurlaub verbringen. Ein ausgedehnter Besuch im American Museum of Natural History ist da noch nicht einmal eingerechnet.

»Imagine«

Es war ein trauriger Anlass, der dazu führte, dass ein 10 000 m² großes Stück des Central Parks in Höhe der 72th Street den Namen **Strawberry Fields** 1 5 bekam: die Ermordung John Lennons 1980 in unmittelbarer Nähe. Kernpunkt des in Form einer Träne angelegten Gartens ist ein Mosaik mit dem Wort »Imagine« im Zentrum. Nach dem besinnlichen Auftakt heißt es: »Willkommen im Central Park«. Trotz astronomischer Grundstückspreise leisten sich die New Yorker den Luxus, zwischen den Wolkenkratzern eine Grünfläche in der Größe eines Stadtteils freizuhalten. Fast unnötig zu erwähnen, dass das Vorhaben, den Park anzulegen, heftig umstritten war. Beim Wettbewerb für die Gestaltung setzte sich 1857 das Konzept von Frederick Law Olmsted und Calvert Vaux durch, das ein Ensemble unterschiedlich gestalteter Landschaftsparks vorsah. Deshalb erwarten die Besucher heute buchstäblich an jeder Ecke neue Eindrücke.

Um die meistgefilmte Sektion des Central Parks zu erreichen, heißt es Anlauf nehmen: Der Weg führt von Strawberry Fields zunächst nach Süden und dann auf Höhe der West 66th Street nach Osten bis zur **Mall** 2. Sehen und Gesehenwerden lautete und lautet das Motto auf der 13 m breiten Promenade. Leicht kann man sich vorstellen, wie hier früher mit Sonnenschirmen bewehrte Damen flanierten. Heute teilen sich Jogger, Skater, Hundesitter und Straßenmusiker das Terrain. Die Mall steuert geradewegs auf die **Bethesda Terrace** 3 zu. Mit dem **Bethesda Fountain** auf der unteren Ebene gehörte sie ebenso wie die Promenade zu den Höhepunkten im planerischen Konzept für den Central Park. Der Sauberkeit des Wassers huldigt die im Brunnen stehende Engelsstatue und trägt deshalb eine Lilie als Symbol der Reinheit in der Hand.

Wagners Cove 4, ein verborgen liegendes idyllisches Fleckchen, ist am besten über eine Steintreppe an der Cherry Hill Plaza zu erreichen. Die **Bow Bridge** 5 mit ihren 18 m Spannweite führt über den zentralen künstlichen See **The Lake** und verbindet den kirschbaumbestandenen Cherry Hill mit dem dicht bewachsenen Waldgebiet **The Ramble** 6, wo man sich leicht verlaufen kann. Zum Essen im **Boathouse** (amerikanisch, €€€) gibt es einen romantischen Ausblick auf den See und die Stadt gratis.

Bow Bridge

MAL PAUSE MACHEN

Eine **Bootsfahrt** auf dem künstlichen See **The Lake** im Central Park – das klingt zwar furchtbar kitschig, entpuppt sich aber bei schönem Wetter als großes Vergnügen. Die Boote gibt es im Loeb Boathouse.

Für den kleineren Hunger (und den kleineren Geldbeutel) empfiehlt sich das benachbarte Boathouse Café.

Der **Shakespeare Garden** 7 wurde 1916 angelegt. Auf dem gewundenen Pfad kommt man immer wieder an Bronzetafeln mit Zeilen aus dem Werk des Dichters vorbei. Die Freilichtbühne **Delacorte Theater** 8 nimmt das Thema Shakespeare auf und zeigt im Sommer unter dem Motto »Shakespeare in the Park« Stücke des Künstlers. Im viktorianischen **Belvedere Castle** 9 von Olmsted und Vaux ist heute das Henry Luce Nature Observatory untergebracht. Hier werden Kinder spielerisch mit den ökologischen Zusammenhängen im Park vertraut gemacht. Die Ausdehnung des **American Museum of Natural History** 10 6 (Central Park W./79th St., www.amnh.org, tgl. 10 bis 17.45 Uhr) ist gigantisch. Zwischen Columbus Avenue und Central Park Drive nimmt der Komplex gleich vier Häuserblocks ein. Gezeigt werden Exponate aus den Bereichen Naturgeschichte, Anthropologie und Ethnologie, darunter Dinosaurier- und Walskelette, zahlreiche Dioramen und der größte geschliffene Edelstein der Welt. Gleich nebenan befindet sich das **Rose Center for Earth and Space** (175–208 79th St., tgl. 10–17.45 Uhr), ein lichter gläserner Kubus, in dem die Kugel des Hayden Planetariums zu schweben scheint. Die filmischen Space Shows zur Geschichte der Erde und des Universums kommentieren Schauspieler wie Tom Hanks, Harrison Ford oder Jodie Foster.

Museum of Natural History

Touren im Anschluss: 19, 20, 21, 23

Children's Museum of Manhattan
Edgar Allan Poe St.
W. 83rd St.
Amsterdam Ave.
Columbus Ave.
(W. 84th St.)
0
200 m
N
86th St
79th St
Broadway
W. 81st St.
Congregation Rodeph Sholom
West End Ave.
W. 79th St.
W. 78th St.
Rose Center for Earth and Space
81st St-Museum of Natural History
THE GREAT LAWN
6
American Museum of Natural History
10
Delacorte Theater
Hotel Beacon
Beacon Theater
W. 76th St.
Belvedere Castle
Shakespeare Garden
8
7
9
Ansonia Hotel
N.Y. Historical Society
Central Park West
Turtle Pond
Transverse Rd. No.2
72nd St
West Drive
W. 74th St.
Sherman Square
W. 72nd St.
Columbus Ave.
CENTRAL
THE RAMBLE
W. 71st St.
The Dakota
6
Bow Bridge
Broadway
The Sony IMAX Theater
72nd St
22
1
The Lake
5
Spanish and Portuguese Syn.
STRAWBERRY FIELDS
Boathouse Restaurant
Stev's Towers
66th St
W. 69th St.
Bethesda Fount.
4
5
3
Wagner's Cove
Bethesda Terrace
Statue of H. Ch. Andersen
Lincoln Sq.
W. 67th St.
Tavern on the Green
Conservatory Pond
Lincoln Center
Mus. of American Folk Art
THE SHEEP MEADOW
PARK
Frick Art Reference Library
Bridle Path
2
12
N.Y. State Theater
Transverse Rd. No.1
The Mall
Frick Collection
West Drive
HECKSCHER PLAYGROUND
Center for Inter-American Relations
Central
Time Warner Center
4
Maine Memorial
Centre Drive
The Dairy Visitor Center
Children's Zoo
Temple Emanu-El
Fifth Ave.
59th St Columbus Circle
Columbus Circle
Wollman Memorial Rink
Zoo
S.D. Roosevelt Mem. House
The Pond

Tour 23

Upper West Side: Bohemians am Broadway

Dakota Building › Majestic › San Remo › Ansonia › First Baptist Church in the City of New York › Zabar's › Children's Museum of Manhattan

Start: Ⓢ 72nd St. (Train A, B, C)
Ziel: Ⓢ 86th St. (Train 1, 2)
Wann: tagsüber
Distanz: 1,8 km

»Der Geist wohnt im Westen, das Geld im Osten«, heißt ein New Yorker Sprichwort, das den Unterschied zwischen der East und der West Side beschreibt. Heute ist aber auch die Upper West Side eine der teuersten Wohngegenden der Welt; der Geist, den einst Künstler wie Gertrude Stein, Anaïs Nin und Edgar Allen Poe verkörperten, lässt sich jedoch immer noch erahnen.

Dakota Building

»Ich habe die traurige Aufgabe, Ihnen mitzuteilen, dass John Lennon heute Nacht gestorben ist«, sagte ein um Worte ringender Radiomoderator am 8. Dezember 1980. Das Attentat Mark David Chapmans verhalf dem **Dakota Building** 1 (1 W. 72nd St.), vor dessen Tür John Lennon erschossen wurde, zu neuer trauriger Berühmtheit. Das um einen großen Atriumhof herum erbaute Apartmenthaus war in den 80er-Jahren des 19. Jhs. der erste Versuch, Mietern das Gebiet westlich des Central Parks schmackhaft zu machen. Die New Yorker rümpften über den neogotischen Bau aber die Nase. So weit ab vom

Schuss, da könne man ja gleich in die fernen Dakotas ziehen – und schon hatte das Dakota seinen Spitznamen weg. Die Vorbehalte gegenüber der Lage und der neuen Wohnform in Apartments schwanden jedoch schnell. Zu den prominenten Bewohnern des Dakota gehörten Lauren Bacall, Judy Garland, Boris Karloff, Rudolf Nurejew und Leonard Bernstein.

San Remo

Der Erfolg des Dakota rief Nachahmer auf den Plan. Heute ist die Upper West Side deshalb eine Ansammlung von Apartmenthäusern mit teilweise simplen Bezeichnungen voller Understatement, teilweise klangvollen Namen wie etwa dem **Majestic** (115 Central Park W.), einem prächtigen Art-déco-Bau südlich vom Dakota. Das revolutionäre Konzept des **San Remo** (145/146 Central Park W.) sorgte 1929 für Aufsehen. Das Gebäude wurde nicht als monolithischer Block in die Höhe gezogen. Stattdessen wurden der 17-stöckigen Basis kathedralenartige Zwillingstürme aufgesetzt. Die Idee kam so gut an, dass umgehend drei weitere Apartmenthäuser im gleichen Stil hochgezogen wurden: das Century (25 Central Park W.), das Majestic und das El Dorado (300 Central Park W.).

Das **Ansonia** 2 am Broadway (Nr. 2109) ist ein weiterer jener Prachtbauten, in denen man gerne wohnen würde. Wegen seiner guten Schallisolierung mieteten sich in dem ehemaligen Hotel gern Musiker ein, so Enrico Caruso, Arturo Toscanini und Igor Strawinsky.

Citarella (2135 Broadway) zeigt, was bei den wohlhabenden Bewohnern der Upper West Side auf die Teller kommt. Das Feinkostgeschäft führt laut Eigenwerbung das frischeste und beste

MAL PAUSE MACHEN

Müde Beine und großen Hunger? Dann ist das **Steakhouse at Fairway** in einer Markthalle die richtige Adresse für eine Stärkung. Probieren Sie hier den Fairway Burger.
• 2127 Broadway

Seafood, das es in ganz New York zu kaufen gibt. Aber auch Freunde von Trüffelspezialitäten, Kaviar, frisch gemachter Pasta und Antipasti sowie der besten Käse der Welt kommen auf ihre Kosten.

Auf dem Weg den Broadway hinauf weiß man kaum, wohin man zuerst schauen soll. Die zahlreichen Apartmenthäuser legen die Vermutung nahe, dass auf dem Luxusimmobilienmarkt die Nachfrage immer noch (oder wieder?) riesig sein muss.

Für New Yorker Verhältnisse steinalt ist die Kirchengemeinde der **First Baptist Church in the City of New York** 3, die 1745 gegründet wurde. Ihr heutiges Gotteshaus mit den markanten, ungleich hohen Türmen entstand 1891.

Eine New Yorker Institution ist der Feinkost-Tempel **Zabar's** 4 (2245 Broadway). Über die Upper West Side hinaus gerühmt werden die köstlichen Bagels, die fantastische Käseauswahl und der Räucherfisch. Zabar's erfüllt für die Einheimischen die Funktion eines Stadtteiltreffpunkts, weswegen auch die Filmemacher den Laden für sich entdeckt haben (»E-Mail für Dich«). Die wechselnden Ausstellungen im **Children's Museum of Manhattan** 5 (212 W. 83rd St., cmom.org, Di–So 10–17, Sa bis 19 Uhr) haben eine enorme Spannweite, die von der Kunst Chagalls bis zu einer Reise durch den menschlichen Körper reicht – eine willkommene Abwechslung nach dieser architekturlastigen Tour.

Children's Museum

Touren im Anschluss: 21, 22

Hudson River
Soldiers and Sailors Monument
UPPER WEST SIDE
96th St
W. 96th St.
W. 94th St.
West End Ave.
Amsterdam Ave.
(W. 90th St.)
Henry
J. Browne
Blvd.
W. 92nd St.
86th St
W. 88th St.
W. 86th St.
Riverside Dr.
West End Ave.
Broadway
Edgar Allan Poe St.
Children's Museum of Manhattan
5
Zabar's
4
First Baptist Church in the City of New York
3
79th St
Columbus Ave.
(W. 84th St.)
W. 83rd St.
86th St
Congregation Rodeph Sholom
Amsterdam Ave.
W. 81st St.
W.79th St.
Rose Center for Earth and Space
81st St-Mus. of Nat. History
Riverside Dr.
Steakhouse at Fairway
Hotel Beacon
Citarella
Ansonia
2
Beacon Theater
W. 77th St.
American Museum of Natural History
N.Y. Historical Society
6
Central Park West
W. 75th St.
W. 74th St.
72nd St
W.
W.
Sherman Square
W.73rd St.
W.72nd St.
San Remo
71st St.
70th St.
The Dakota
1
12
The Lake
5
72nd St
West End Ave.
Broadway
The Sony IMAX Theater
Majestic
23
STRAWBERRY FIELDS
Stev's Towers
66th St
Spanish and Portuguese Syn.
Bethesda Fountain
N
0
200 m

Tour 24

Morningside Heights

Cathedral of St. John the Divine › Columbia University › Riverside Church › Riverside Park › General Grant National Monument › Nicholas Roerich Museum

Start: Ⓢ Cathedral Parkway – 110th St. (Train A, B, C)
Ziel: Ⓢ Cathedral Parkway (110th St.) (Train 1)
Wann: tagsüber
Distanz: 3,4 km

Die New Yorker Spitznamen-Erfinder haben sich bei Morningside Heights selbst übertroffen. Das Viertel ist, vielleicht wegen seiner erhöhten Lage, als »Academic Acropolis« bekannt, außerdem als »Acropolis of New York«, »White Harlem« oder »South Harlem« (SoHa). Welcher der Titel passt, findet man bei einer Tour durch den Stadtteil am besten selbst heraus.

MAL PAUSE MACHEN

Noch in Sichtweite des Central Parks gibt es mit dem **Morningside Park** gleich die nächste Grünanlage, in der Picknickplätze zu einer Rast einladen.
• Cathedral Pkwy./Ecke Manhattan Ave.

Die Tour beginnt mit einem weiteren New Yorker Superlativ: Sollte sie jemals fertig werden, wäre die **Cathedral of St. John the Divine** 1 (1047 Amsterdam Ave., www.stjohndivine.org, tgl. 7.30–18 Uhr) die größte gotische Kathedrale der Welt. Bis zu diesem Zeitpunkt ist sie eben die größte unfertige Kathedrale auf dem Globus. Weit mehr als 100 Jahre nach Baubeginn versucht man immer noch, Geld für die Komplettierung der Kirche aufzutreiben, während an anderer Stelle schon renoviert werden muss. Weil sich die Bauherren nicht auf einen Stil einigen konnten, weist die Kathedrale einen Mix unterschiedlicher Bauformen auf. Der ursprüngliche Entwurf war byzantinisch, später wurde im gotischen Stil weitergebaut. Die episkopalische Kirchengemeinde engagiert sich in sozialen Fragen und fördert auch die Kunst. Ein Kuriosum: Jeweils am Namenstag des hl. Franziskus im Oktober wird eine Tiermesse gehalten. Der Weg führt nun über die W. 112th Street weiter nach Westen bis zum Broadway. **Tom's Restaurant** 2 (s. Restaurants, S. 139) lässt Touristen hektisch nach ihren Fotoapparaten kramen. Viele Folgen der Sitcom »Seinfeld« wurden hier gedreht. Berühmtheit erlangte das Diner auch durch Suzanne Vegas gleichnamigen Song. Wer in Tom's Restaurant keinen Platz bekommt, hat in diesem Abschnitt des Broadway – die Ausgehzone eines Studentenviertels – immer Alternativen.

Die private **Columbia University** wurde 1754, noch unter englischer Herrschaft, als King's College gegründet. 22 000 Studenten bereiten sich hier darauf vor, später zur Elite der USA zu gehören. Mehr Abgänger von der Columbia als von jeder anderen Lehranstalt sind mit Nobelpreisen ausgezeichnet worden, gleichzeitig verleiht die Hochschule den begehrten Pulitzer-Preis. Die klassizistischen Gebäude auf dem Campus, allen voran die **Columbia University Library** 3, stehen im Kontrast zu Erweiterungen wie der dekonstruktivistischen **Alfred Lerner Hall** 4. Der Haupteingang zum Campus befindet sich am Broadway auf Höhe der W. 116th Street, das Visitor Center in Gebäude 213 der Low Library.

Riverside Church

Wer bei St. John the Divine auf den Geschmack gekommen ist, dem wird am Riverside Drive Höhe W. 120th Street mit der **Riverside Church** 5 eine weitere Großkirche präsentiert. Das neogotische Gebäude wurde der Kathedrale von Chartres nachempfunden. Der vom Central-Park-Architekten Olmsted geplante **Riverside Park** erstreckt sich von der 72nd am Hudson River entlang bis W. 158th Street. Nördlich der Riverside Church ragt das **General Grant National Monument** 6 auf, ein imposantes Mausoleum. Es birgt den Sarkophag von Ulysses Grant, der im Bürgerkrieg die Nordstaaten zum Sieg führte und später zum 18. Präsidenten der USA gewählt wurde. Auch seine Frau Julia Dent Grant ist hier bestattet. Der Architekt des Baus, John Duncan, orientierte sich an antiken Vorbildern wie dem Mausoleum von Halikarnassos, einem der sieben Weltwunder.

General Grant N.M.

Am Rande des Riverside Parks entlang geht es nun in Richtung Süden; dabei fallen am Riverside Drive immer wieder prächtige Apartmenthäuser ins Auge, wie das mit einem stilvollen Beaux-Arts-Portal versehene Haus Nr. 380. An der W. 107th Street widmet sich das **Nicholas Roerich Museum** 7 (Nr. 319, www.roerich.org, Sa, So 14–17, Di–Fr 12–17 Uhr) dem russischen Maler Nikolai Konstantinovich Rerikh (1874 bis 1947). Rerikh oder Roerich, der sich auch als Bühnenbildner und Schriftsteller einen Namen machte, konzentrierte sich bei seinen Bildern auf die frühe russische Geschichte, Buddhismus und Esoterik sowie das moderne Russland. Besonders die Landschaftsmalereien entfalten einen eigentümlichen Zauber.

N. Roerich Museum

Tour im Anschluss: 25

N
0
200 m
Hudson River
Hudson Parkway
9A
RIVERSIDE PARK
Riverside Dr.
Riverside Dr. W.
Riverside Dr. E.
125th St
Broadway
(W.125th St.)
Lasalle St.
General Grant National Monument (Grant's Tomb)
6
5
Riverside Church
Union Theological Seminary
R. Niebuhr Pl.
Claremont Ave.
Teacher's College
Jewish Theological Seminary
W. 120th St.
Barnard College
3
Columbia Univ. Library
116th St Columbia Univ.
4
Columbia University
Alfred Lerner Hall
W. 118th St.
Amsterdam Ave.
2
Tom's Restaurant
W. 114th St.
W. 115th St.
W. 113th St.
W. 112th St.
W. 111th St.
Cathedral Pkwy.
Cathedral Pkwy
Nicholas Roerich Museum
7
Woman's Hosp.
St. Luke Hosp.
1
Cathedral of St. John the Divine
Morningside Dr.
MORNINGSIDE PARK
Morningside Ave.
Manhattan Ave.
116th St
Frederick Douglass Blvd.
24
Cathedral Pkwy 110th St
W. 109th St.
W. 107th St.
Duke Ellington Blvd. (W. 106th St.)
W. 105th St.
Jewish Hospital
103th St
West End Ave.
Amsterdam Ave.
Columbus Ave.
Central Park West
Fr. Douglas Circus
Block House

Tour 25

Harlem: Black Power, Jazz und Gospels

Apollo Theater › Studio Museum in Harlem › Lenox Lounge › Mount Morris Park Historic District › Marcus Garvey Park › Arthur Schomburg Center › Abyssinian Baptist Church › Strivers' Row

Start: Ⓢ 125th St. (Train A, B, C, D)
Ziel: Ⓢ 135th St. (Train 2, 3)
Wann: tagsüber, für Gospelgottesdienste sonntags
Distanz: 3,5 km

Früher war Harlem für Touristen eine No-Go-Area. Heute ist das Gebiet ein New Yorker Stadtteil wie jeder andere. Umfangreiche Neubauprojekte und Sanierungen trugen dazu bei, dass sich der Wert von Häusern in Central Harlem in kurzer Zeit vervielfachte. Gleichzeitig wurde die Kriminalität erfolgreich bekämpft.

Apollo Theater

Das Selbstbewusstsein der Bewohner von Harlem zeigt sich in der Benennung der Straßen. Die W. 125th Street heißt hier Martin Luther King Jr. Avenue, die 7th Avenue Adam Clayton Powell Jr. Boulevard und die Lenox Avenue Malcolm X Boulevard. Genährt wird dieser Stolz u. a. durch die kulturelle Blüte, die das Viertel in den 1920er-Jahren erlebte, die sog. Harlem-Renaissance. Im **Apollo Theater** 1 an der W. 125th Street nahm damals manche große Karriere ihren Anfang. Der Wunsch, wie die Apollo-Legenden Billie Holiday, Duke Ellington oder Ella Fitzgerald einmal ganz groß herauszukommen, treibt seit 1934 jeden Mittwoch die Teilnehmer der Amateur Night an, bei der es stets laut und spaßig, aber nicht immer künstlerisch wertvoll zugeht.

Eine Harlem-Ikone ist auch das frühere **Hotel Theresa** 2 an der Ecke Martin Luther King Jr. Ave./Adam Clayton Powell Jr. Blvd. Der Bau aus dem Jahr 1913 mit seiner weißen Ziegelfassade war 60 Jahre lang der höchste in Harlem. 1960 wohnte hier Fidel Castro, den kein anderes New Yorker Hotel aufnehmen wollte. Malcolm X leitete von hier aus die »Organisation für die afroamerikanische Einheit«. Das **Studio Museum in Harlem** 3 (144 W. 125th St., www.studiomuseum.org, Do, Fr 12–21, Sa 10–18, So 12–18 Uhr) zeigt Werke schwarzer Künstler. Zu seinen größten Schätzen gehört das fotografische Werk James Van Der Zees (1886–1983), der mit seiner Kamera die Harlemrenaissance dokumentierte. Viele mit dieser Bewegung verbundene Lokale sind heute fest in touristischer Hand. Anders ist das in der **Lenox Lounge** 4 (s. Nightlife, S. 148), ins Gästebuch trugen sich Berühmtheiten wie Billie Holiday, Miles Davis und John Coltrane ein.

MAL PAUSE MACHEN

Der Platz rund um das **Denkmal für Adam Clayton Powell Jr.** bietet einen exklusiven Blick auf das quirlige Treiben der Straßenhändler.
- Martin Luther King Ave., Ecke Adam Clayton Powell Jr. Blvd.

In eine andere Zeit wird man im **Mount Morris Park Historic District** 5 versetzt, der sich zwischen W. 119th und W. 124th Streets erstreckt. Die viktorianischen Reihenhäuser aus dem späten 19. Jh. zeigen alle Stile der Zeit von Romanesque Revival bis Queen Anne. Ein besonders schönes Beispiel ist das Haus Nr. 4 in der W. 123th Street. Im **Marcus Garvey Park** 6 steht auf einer Anhöhe der gusseiserne Harlem Fire Watchtower, der letzte von elf Feuerwachtürmen in New York. An der Westseite des Parks in Höhe der W. 122nd Street befindet sich ein Amphitheater, außerdem gibt es im Norden einen öffentlichen Pool.

Von der Nordseite des Parks geht es über 5th Avenue und W. 125th Street in den Malcolm X Boulevard. Hier führt kein Weg an **Sylvia's Restaurant** 7 (s. Restaurants, S. 138) vorbei. Im östlich des Boulevards gelegenen Teil der W. 130th Street blieb mit den **Astor Row Houses** ein weiteres Ensemble von Wohnhäusern des 19. Jhs. erhalten. Beim **Arthur Schomburg Center for Research in Black Culture** 8 (515 Malcolm X Blvd., Mo–Sa 10 bis 18, Mi bis 20 Uhr) handelt es sich um eine Forschungsstätte, die sich mit der afroamerikanischen Geschichte und Kultur beschäftigt.

Abyssinian Baptist Church

Das Klischee vom Harlemite, der sich herausgeputzt zum Gospel-Gottesdienst aufmacht, trifft immer noch zu, wie sich nicht nur vor der **Abyssinian Baptist Church** 9 (132 W. 138th St.) bestätigt. Das im neogotischen Stil errichtete Gotteshaus ist die berühmteste der 400 Kirchen in Harlem. Die sonntäglichen Gospelmessen sind ein Erlebnis, ziehen aber inzwischen Heerscharen von Touristen an, so viele, dass der 9-Uhr-Gottesdienst für sie versperrt bleibt. Für den 11-Uhr-Gottesdienst sollte man mindestens eine Stunde vorher an der Abyssinian eintreffen. Zum Abschluss der Tour bietet sich ein Spaziergang über die **Strivers' Row** 10 an, in der sich liebevoll restaurierte Brownstonehäuser aus dem 19. Jh. im Block zwischen 138th und 139th Street befinden. Die Anwesen, in denen sich einst die erfolgreichen Afroamerikaner (*striver* = Streber) niederließen, gelten heute als Juwele Harlems.

Strivers' Row

Touren im Anschluss: 24, 26

137th St City College
The City College (C.C.N.Y.) North Campus
W. 135th St.
Amsterdam Ave.
Convent Ave.
St. Nicholas Terr.
135th St
The City College (C.C.N.Y.) South Campus
W. 130th St.
W. 128th St.
MORNINGSIDE HEIGHTS
St. Nicholas Ave.
Frederick Douglass Blvd.
(Eight Ave.)
W. 141st St.
(Seventh Ave.)
Strivers' Row
10
W. 138th St.
Abyssinian Baptist Church
W. 137th St.
W. 136th St.
9
Odell M. Clark Pl.
Malcom X Blvd.
Arthur Schomburg Center for Research in Black Culture
W. 134th St.
Wesley Williams Pl.
8
Harlem Hospital
135th St
W. 132nd St.
Adam Clayton Powell Jr. Blvd.
Malcom X Blvd.
W. 132nd St.
W. 131st St.
Fifth Ave.
W. 130th St.
W. 129th St.
Astor Row Houses
Madison Ave.
25
125th St
The Apollo Theater
1
W. 127th St.
W. 124th St.
Black Fashion Museum
Adam Clayton Powell Building
Sylvias's Restaurant
7
Hotel Theresa
2
3
Studio Museum in Harlem
125th St
W. 128th St.
W. 127th St.
W. 126th St.
Manhattan Ave.
Frederick Douglass Blvd.
W. 122nd St.
Jr. Blvd.
Lenox Lounge
4
Martin Luther King Jr. Ave.
125th St. Station
W. 120th St.
MT. MORRIS PARK HIST. DISTRICT
5
Mt. Morris Park W.
MARCUS GARVEY MEM. PARK
6
North General Hospital
125th St
W. 118th St.
Adam Clayton Powell
Lenox Ave.
W. 120th St.
Madison Ave.
Park Ave.
E. 123rd St.
W. 116th St.
Mt. Morris Watchtower
W. 118th St.
Fifth Ave.
Madison
116th St
N
0
200 m

Tour 26

Nord-Harlem: Reise in die Vergangenheit

Morris-Jumel Mansion › Sylvan Terrace › Audubon Terrace › Trinity Cemetery › Church of the Intercession › Hamilton Heights

Start: Ⓢ 163rd St./Amsterdam Ave. (Train B, C)
Ziel: Ⓢ 145th St. (Train 1)
Wann: tagsüber
Distanz: 3,5 km

Die Insel Manhattan wurde von Süden nach Norden besiedelt, daher sollte man eigentlich nicht erwarten, einige der ältesten Straßenzüge und das älteste erhaltene Haus weit im Norden zu finden. Doch dies ist nicht die einzige Überraschung auf dieser Tour, die fernab vom Glamour etwa der Fifth Avenue sozusagen ins wahre Leben der New Yorker führt.

Morris-Jumel Mansion

Kirchen, überall Kirchen. Ob große Gotteshäuser, umgebaute Garagen, ehemalige winzige Geschäfte – ein Platz zum Beten in der Gemeinschaft findet sich immer. Auch auf dem Weg die W. 163rd Street entlang nach Osten fragt man sich, ob es wirklich nur 400 Kirchen in Harlem gibt. Die W. 163rd Street findet ihr Ende an der Edgecombe Avenue, die es in Richtung Süden entlangzugehen gilt. Über die W. 162nd Street gelangt man dann zur Jumel Terrace – mit Zugang zum **Roger Morris Park,** New Yorks höchster Erhebung. Inmitten der Anlage steht die Villa **Morris-Jumel Mansion** 1 (65 Jumel Terrace, www.morrisjumel.org/, Di–Fr 10–16, Sa, So bis 17 Uhr), ein prächtiges Anwesen im Kolonialstil. New Yorks ältestes erhaltenes Gebäude wurde 1765 als Sommerhaus des britischen Colonel Roger Morris errichtet. Bei Ausbruch des Unabhängigkeitskrieges begab sich der Royalist Morris zurück nach England, »Nachmieter« war George Washington, der hier das Hauptquartier der US-Truppen installierte. 1810 erwarben der französische Kaufmann Stephen Jumel und seine Frau Eliza das Gebäude und richteten es im Empirestil ein – im Museum sind Teile des Interieurs im Original zu sehen.

MAL PAUSE MACHEN

Ein reizendes Detail im **Roger Morris Park** ist die Sonnenuhr in einer kleinen Erholungsanlage. Tipp: Die Zeitverschiebung gegenüber Europa ist beim »Stundenzeiger« bereits berücksichtigt.

Obwohl Harlem Heights in der Gesamtheit keine Wohngegend für Betuchte darstellt, gibt es Ausnahmen. Die schönste ist **Sylvan Terrace** 2, Bestandteil des Jumel Terrace Historic District. An der kleinen Verbindungsstraße zwischen Jumel Terrace und St. Nicholas Avenue reihen sich 20 schmucke Holzhäuser. In den 1882 errichteten Gebäuden soll manchen Quellen zufolge die Dienerschaft der Morris-Jumel-Villa gelebt haben. Über St. Nicholas Avenue und W. 160th Street geht es nun weiter zum Broadway. Obwohl es sich um den gleichen Broadway handelt, an dem in Höhe des Times Square nachts die Lichter um die Wette glänzen, ist hier das Ambiente ein völlig anderes. Billigläden und Imbisse prägen das Bild. Dann sticht auf Höhe der W. 155th Street plötzlich ein Komplex neoklassizistischer Gebäude ins Auge: Architekt Charles P. Huntington zeichnete für den ersten der Monumentalbauten von **Audubon Terrace** 3 verantwortlich. Später gesellten sich dann berühmte Kollegen wie

Sylvan Terrace

Cass Gilbert hinzu. Seinen Namen hat das Ensemble von dem Vogelforscher und Zeichner John James Audubon, auf dessen Grundstück der Komplex errichtet wurde. Heute sind im Audubon Terrace Historic District die **American Academy of Arts and Letters,** Teile der **American Numismatic Society** und die **Hispanic Society of America** (613 W. 155th. St., www.hispanicsociety.org, Di–Sa 10–16.30, So 13–16 Uhr) zu finden. Letztere unterhält ein Museum zur Kultur der spanisch sprechenden Völker.

Church of the Intercession

John James Audubon wurde auf dem **Trinity Cemetery** 4 begraben, einem riesigen Friedhof zwischen der W. 155th und W. 153rd Street. Viele berühmte New Yorker fanden hier ihre letzte Ruhe – darunter Eliza Jumel sowie Mitglieder der Familien Astor und Schermerhorn. Auf dem Friedhofsgelände erhebt sich die **Church of the Intercession** 5. Das monumentale Gotteshaus wurde 1911–14 im Stil der englischen Gotik erbaut. Zur Kirche gehört eines der wenigen noch von Mönchen bewohnten Klöster in den Vereinigten Staaten.

Für Fußmüde bietet sich nun der direkte Weg den Broadway entlang zur Ⓢ W. 145th Street an. Ein kleiner Umweg führt nicht nur an einem netten Restaurant vorbei, dem **Tropical Restaurant** (3517 Broadway, spanisch, €), sondern mit einem kurzen Schlenker auch durch den Bezirk **Hamilton Heights** 6 mit seinen schönen historischen Straßenzügen. In den schmucken Reihenhäusern wohnten einst Schwarze, die »es geschafft« hatten, wie Count Basie und der Boxer Sugar Ray Orbison. Heute gehören sie zu Manhattans gefragtesten Immobilien.

Touren im Anschluss: 24, 25

N
0
200 m
9A
Fort Washington Ave.
Broadway
W. 163rd St.
W. 165th St.
Edgecomb Ave.
163rd St Amsterd. Av
W. 161st St.
26
W. 160th St.
Sylvan Terrace
2
Jumel Terr.
1
Morris-Jumel Mansion Nat. Hist. Landmark
Riverside Dr.
W. 158th St.
W. 159th St.
W. 158th St.
157th St
Audubon Terrace
3
W. 157th St.
W. 156th St.
Amsterdam Ave.
St. Nicholas Ave.
Harlem River Dr.
4
TRINITY CEMETERY
RIVERSIDE RECREATIONAL AREA
W. 155th St.
5
Church of the Intercession
W. 153rd St.
155th St
Site of Polo Grounds Stadium
W. 155th St.
W. 152nd St.
W. 151st St.
W. 150th St.
155th St
W. 154th St.
Broadway
W. 149th St.
W. 148th St.
Amsterdam Ave.
JACKIE ROBINSON PARK
Riverside Dr.
W. 147th St.
(Eight Ave.)
Macombs Pl.
145th St
W. 146th
Convent Ave.
St. Nicholas Ave.
Bradhurst Ave.
Blvd.
W. 150th St.
Tropical Restaurant
W. 144th St.
W. 145th St.
6
W. 143rd St.
HAMILTON HEIGHTS
145th St
W. 148th St.
(Seventh Ave.)
W. 142nd St.
Harlem 148th St
W. 141st St.
Hamilton Pl.
Hamilton Grange Nat'l Monument
Aunt Len's Doll & Toy Museum
W. 146th St.
W. 145th St.
Frederick Douglass
W. 144th St.
Adam Clayton Powell Jr. Blvd.
145th St
The City College (C.C.N.Y.) North Campus

Tour 27

Unbekanntes Nord-Manhattan

Dyckman Farmhouse › Inwood Hill Park › The Cloisters

Start: Ⓢ Inwood – 207th St. (Train A)
Ziel: Ⓢ Dyckman St. (Train 1)
Wann: tagsüber
Distanz: 2,3 km

Manhattan, die Insel der Gegensätze: Während im Süden Grund und Boden die kostbarsten aller Güter zu sein scheinen, kennt Manhattans grüner Norden diese Probleme nicht. Hier gibt es ausreichend Fläche für weitläufige Parks und lockere Bebauung. Und auch von im Schachbrettraster angelegten Straßen scheint man nie etwas gehört zu haben.

Dyckman Farmhouse

Nach New Yorker Zeitmaßstäben führt diese Tour fast schon in vorgeschichtliche Zeit zurück. Das **Dyckman Farmhouse** 1 (4881 Broadway, dyckmanfarmhouse.org, nur im Sommer Fr–So 11–17 Uhr) wurde bereits 1784 im holländischen Kolonialstil erbaut. Erstbesitzer William Dyckman besaß zusätzlich zur Farm auch noch Hunderte Hektar Land, jedoch in einer Gegend, die nicht allzu begehrt war. Seit 1916 sind das Farmhaus und der umgebende Garten für die Öffentlichkeit zugänglich. Im Inneren des Gebäudes geben Möbel und Arbeitsgeräte eine Vorstellung vom ländlichen Alltag der damaligen Zeit.

Auf dem weiteren Weg über W. 204th Street, Cooper Street, Academy Street, Seaman Avenue und Beak Street drängt sich der Eindruck auf, als sei dieser nordwestliche Zipfel Manhattans sich selbst überlassen worden – und als seien die Bewohner über diesen Umstand gar nicht einmal so böse. Doch auch diese Gegend hat Superlative zu bieten. Einer davon ist **Inwood Hill Park** 2, mit seinen fast 800 000 m^2 Fläche der größte naturbelassene Park in Manhattan. In den verschiedenen Biotopen des hügeligen Geländes fühlen sich zahlreiche Vogelarten wohl, die andernorts selten geworden sind, von der Stockente und dem Fischreiher über den Blauhäher bis zum Rotkardinal. In jüngster Zeit gibt es sogar Bestrebungen, das Wappentier der Vereinigten Staaten, den Weißkopfseeadler, im Park anzusiedeln. Auch in einer weiteren Hinsicht ist der Inwood Hill Park, der durch zahlreiche Rad- und Wanderwege erschlossen ist, bemerkenswert: Hier soll der legendäre Landkauf von Manhattan über die Bühne gegangen sein, bei dem die Holländer den indianischen Ureinwohnern die Insel für ein bisschen Tand abluchsten. Da man in dem Park leicht das Gefühl für Himmelsrichtungen verlieren kann, sollte man bei begrenztem Zeitrahmen nur einen kleinen Abstecher hinein machen. Auch wer ihn am südöstlichen Ende wieder verlässt, bekommt schon einen guten ersten Eindruck von der »Wildnis«.

Inwood Hill Park

MAL PAUSE MACHEN

Im vor mehr als 30 Jahren eröffneten Nachbarschaftsgarten **RING Garden** sind Gäste willkommen – allerdings meist nur vormittags.
• Broadway, Ecke Dyckman und Riverside Drive

Bei der Annäherung an die größte Attraktion im Norden Manhattans zeigt sich, dass die New Yorker trotz der Subway auf das Auto als Fortbewegungsmittel Nr. 1 vertrauen. Wer zu Fuß zu **The Cloisters** 3 (www.metmuseum.org, März–Okt. tgl. 10–17.15, Nov.–Feb. tgl.

10–16.45 Uhr) gelangen will, muss schon ein bisschen Pfadfindergeist mitbringen. Zunächst führt der Weg über Payson Ave. und Riverside Drive zum Broadway, wo man im Nordostzipfel des Fort Tryon Parks einen eingezäunten Kinderspielplatz umrundet. Südlich des Spielplatzes führt ein Weg in den Park hinein. Auf diesem geht es – teilweise über Treppenstufen – stetig bergan. Bei den Cloisters angekommen, wird man jedoch für alle Mühen belohnt, ein eigenartiger Zauber umfängt das Ensemble, bei dessen Anblick man sich ins Mittelalter zurückversetzt fühlt. Was wie aus einem Guss erscheint, wurde aus unterschiedlichen Fragmenten europäischer Klöster zusammengesetzt, die man in Einzelteile zerlegt über den Atlantik verschiffte. Einen Großteil der Sammlung trug der Bildhauer George Grey Barnard zusammen, ihren Transport bezahlte John D. Rockefeller, der auch das Grundstück und die Bauarbeiten finanzierte. The Cloisters beherbergt die mittelalterliche Sammlung des Metropolitan Museum of Art. Von der Westterrasse genießt man einen herrlichen Blick über den Hudson River und auf die gegenüberliegenden Palisades. Über weitere teils verschlungene Pfade und Treppenstufen geht es zurück »in die Zivilisation«. Den Broadway erreicht man in Höhe des Dongan Place. Vor dem Einstieg in die U-Bahn an der Station Dyckman Street/Nagle Avenue sollte man sich aber vielleicht noch für die Rückfahrt nach Central Manhattan stärken, die je nach Wartezeit auf die U-Bahn bis zu einer halben Stunde dauern kann. Das **809** (112 Dyckman St., karibisch, €€) serviert karibisch angehauchte Küche mit vielen Grillspezialitäten.

Dyckman Street

Tour im Anschluss: 26 (per U-Bahn, Train 1)

Hudson River
Henry Hudson Parkway
9A
INWOOD HILL
PARK
2
ISHAM
PARK
W. 215th St.
Seaman Ave.
Seaman
Dyckman Farmhouse Museum
1
Inwood 207th St
27
Seaman Ave.
Cooper St.
Payson Ave.
Riverside Dr.
Dyckman St
9
Broadway
Vermilyea Ave.
Academy St.
W. 207th St.
W. 204th St.
207th St
FORT
Children's Playgr.
The Cloisters
3
Riverside Drive
Margaret Corbin Dr.
TRYON
Dongan Pl.
Dyckman St.
Post Ave.
Nagle Ave.
Thayer St.
Arden St.
809
Dyckman St
10th Ave.
W. 204th St.
W. 202nd St.
Academy St.
Jewish Mem. Hosp.
Ellwood St.
PARK
Nagle Ave.
Fort George Hill
Sherman Cr.
Hillside Ave.
HIGH-
BRIDGE
PARK
Harlem River Dr.
ROBERTO CLEMENTE STATE PARK
St. Elizabeth's Hospital
190th St
Broadway
Wadsworth Terr.
W. 192nd St.
Fort George Ave.
GERMAN MEM. PK.
191st St
Morris Heights Station
N
0
200 m

Tour 28

The Bronx

Bronx Park › Bronx Zoo › New York Botanical Garden › Arthur Avenue

Start: Bronx Zoo, Gate B (Bus BXM 11 ab Madison Ave./Ecke 26th St., 54th St. oder 99th St.)
Ziel: Fordham Station (Harlem Line, Nahverkehrszug bis Grand Central Station)
Wann: tagsüber
Distanz: 5,0 km

Die Bronx ist der einzige New Yorker Stadtteil auf dem Festland und bietet auch sonst noch einige Überraschungen. Wer erwartet hier schon einen Park fast so groß wie den Central Park, einen Weltklassezoo, einen wirklich zauberhaften botanischen Garten und das vermutlich beste italienische Essen in ganz New York?

Bronx Zoo

Wie Pech klebt ihr altes Image an der Bronx: Der New Yorker Stadtteil wird in Verbindung gebracht mit verfallenen Mietskasernen, Kriminalität und Jugendgangs. Seine Bewohner beteuern immer wieder, dass diese Zeiten längst passé sind und dass die Bronx heute in mancher Hinsicht ihre Borough-Mitbewerber aussticht. So hat das Viertel einen größeren Anteil an Parklandschaft als jede andere städtische Region des Landes. Am deutlichsten wird dieser grüne Charakter im **Bronx Park.** Mit 2,9 km² ist er nur um ein Sechstel kleiner als der Central Park. Der Bronx Park wird von der Fordham Road in zwei

Hälften geteilt. Die untere nimmt der gigantische **Bronx Zoo** 1 (2300 Southern Blvd., bronxzoo.com, tgl. 10–17 Uhr, Sa, So bis 17.30 Uhr, Nov.–April kürzer) ein, der größte Tierpark der USA innerhalb von Stadtgrenzen. Er beherbergt 4300 Tiere aus 765 Arten, darunter vom Aussterben bedrohte wie der Schneeleopard. Sie leben zumeist in natürlich gestalteten Freigehegen, daneben gibt es moderne Häuser für Affen, Raubtiere, Vögel und Reptilien.

MAL PAUSE MACHEN

Nicht nur, um im **Bronx Zoo** die Füße auszuruhen, empfiehlt sich eine Fahrt mit der **Wild Asia Monorail.** Die Tour entführt in die Tierwelt Asiens, Zoo-Mitarbeiter geben Einblicke in die Fauna des Kontinents.

Da allein der Zoo riesige Ausmaße hat, ist bei dieser Tour ein beachtliches Laufpensum zu absolvieren. Gut, dass der Bus BxM 11, der an mehreren Stationen der Madison Avenue in Manhattan hält, direkt bis zum Gate B im Osten der Anlage fährt. Von dort aus erobert man den Zoo im Uhrzeigersinn (Plan an der Kasse erhältlich). Dabei unternimmt man eine kleine Weltreise und durchstreift Nordamerika, Asien, Afrika und Südamerika. Highlights sind die **Jungle World** 2 und die **African Plains** 3, wo man Raubtiere und ihre Beute beobachten kann (Jäger und Gejagte sind durch unsichtbare Barrieren voneinander getrennt). Im **Butterfly Garden** flattern von April bis Oktober exotische Falter umher. Auf kleine Tierfreunde wartet der **Children's Zoo** 4. Schon diese Auswahl zeigt, dass man im Bronx Zoo gut einen ganzen Urlaubstag verbringen könnte.

Aber es gibt auf dieser Tour noch mehr zu sehen. Über den Ausgang Fordham Road Gate gelangt man in die Nordhälfte des Bronx Park. Hier lockt der **New York Botanical Garden** 5 (2900 Southern Blvd., www.

New York Botanical Garden

nybg.org, Di–So 10–18, Mitte Jan.–Feb. bis 17 Uhr), dessen Erkundung ebenfalls einen ganzen Tag in Anspruch nehmen könnte. Er wurde 1891 angelegt und umfasst verschiedene Themengärten wie Rose Garden, Rock Garden oder das Enid A. Haupt Conservatory. Zum Park gehört auch ein Restbestand des ursprünglichen Waldes, der einst das Stadtgebiet bedeckte. Einige Bäume sind fast 300 Jahre alt. Wer sich nur einen ersten Eindruck verschaffen will, spaziert nordwärts zum **Snuff Mill Café** und gönnt sich auf dessen hübscher Terrasse einen Kaffee.

Den Bronx Park verlässt man nun im Westen und gelangt über den Dr. Theodore Kazimiroff Boulevard in südlicher Richtung zur E. Fordham Road. Von dieser biegt linker Hand die **Arthur Avenue** 6 ab, so etwas wie die Restaurant Row der Bronx. Kenner der italienischen Küche behaupten, dass die Arthur Avenue und ihre Umgebung das wahre Little Italy von New York sei. Die Familienrestaurants, die meist nur den Vornamen des Eigners tragen, bekommen beste Bewertungen von Gastrokritikern und Gästen. Bewährte Adressen sind: **Ann & Tony's Restaurant** (Nr. 2407, €€–€€€), **Mario's Restaurant** (Nr. 2342, €€), **Dominick's Restaurant** (Nr. 2335, €€) und **Pasquale's Rigoletto** (Nr. 2311, €–€€). Ihnen allen ist authentische italienische Küche gemein.

Pasquale's Rigoletto

Über die E. Fordham Road geht es dann westwärts zur Fordham Station, von der aus Züge der Harlem Line in knapp 20 Minuten zur Grand Central Station in Manhattan fahren.

Touren im Anschluss: 14, 15 (nach Rückfahrt mit der Harlem Line von der Grand Central Station aus)

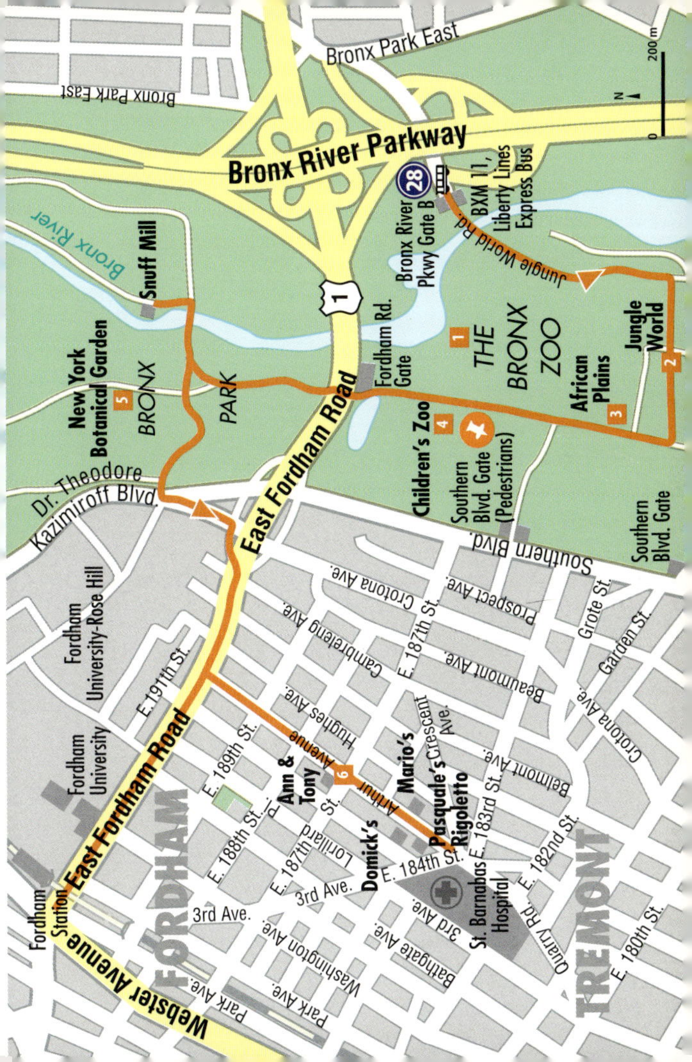
Bronx Park East
Bronx Park East
Bronx River Parkway
200 m
0
N
Bronx River
Snuff Mill
28
Bronx River Pkwy Gate B
BXM 11, Liberty Lines Express Bus
Jungle World Rd.
1
Fordham Rd. Gate
1
THE BRONX ZOO
2
Jungle World
3
African Plains
4
Children's Zoo
Southern Blvd. Gate (Pedestrians)
Southern Blvd. Gate
5
New York Botanical Garden
BRONX
PARK
Dr. Theodore Kazimiroff Blvd.
East Fordham Road
Southern Blvd.
Crotona Ave.
Prospect Ave.
Grote St.
Garden St.
Cambreleng Ave.
E. 187th St.
Beaumont Ave.
Crotona Ave.
Hughes Ave.
Crescent Ave.
Belmont Ave.
Fordham University-Rose Hill
E. 191th St.
Fordham University
East Fordham Road
E. 189th St.
Arthur Avenue
6
Ann & Tony
Mario's
Pasquale's
Rigoletto
E. 183rd St.
E. 182nd St.
E. 188th St.
Lorillard St.
Domick's
E. 187th St.
E. 184th St.
3rd Ave.
St. Barnabas Hospital
Quarry Rd.
TREMONT
E. 180th St.
Fordham Station
3rd Ave.
3rd Ave.
Bathgate Ave.
Washington Ave.
FORDHAM
Webster Avenue
Park Ave.
Park Ave.

Tour 29

Queens: Multikulti und ein Hauch Hollywood

Broadway › Kaufman-Astoria Studios › Museum of the Moving Image

Start: Ⓢ Steinway St. (Train E, M, R)
Ziel: Ⓢ Steinway St. (Train E, M, R)
Wann: tagsüber
Distanz: 2,3 km

Für viele Besucher ist New York gleichbedeutend mit Manhattan – andere Stadtteile werden mit Missachtung gestraft. Das ist ein Fehler, wie diese Tour durch einen Teil von Queens zeigt. Gerade auf Filmliebhaber warten hier außergewöhnliche Highlights – zusätzlich zum Multikulti-Flair, für das Queens berühmt ist.

Bartolino's

Nicht auszurotten ist die Melting-Pot-Legende, derzufolge in New York Menschen aus aller Herren Welt friedlich koexistieren. Während aber in Manhattan fast jede Volksgruppe isoliert in einem eigenen Stadtteil lebt, versorgt durch eigene Supermärkte, Dienstleister und Radiostationen, sind in Queens die Grenzen zwischen den Ethnien fließend. Das daraus resultierende Multikulti-Flair ist für Besucher faszinierend.

Wo sonst kann man auf einem kleinen Straßenabschnitt wahlweise japanisch, italienisch, mexikanisch oder griechisch essen gehen? Auf dem Broadway laden bis zur 33rd Street u. a. **Bai Sushi** 1 (Nr. 3703, japanisch, €€), **Bartolino's** 2 (Nr. 3415, italienisch, €), **Caravan Chicken** 3 (Nr. 3501, peruanisch, €)

und **El Mariachi Corp** 4 (Nr. 3311, mexikanisch, €) zu einer leckeren Pause ein.

Das Straßenbild wird auch durch die vielen kleinen Läden geprägt, in denen der Kioskbetreiber aus dem Iran und der Obstverkäufer aus Marokko einträchtig nebeneinander auf Kundschaft warten. Graffiti in unterschiedlichen Schriften zieren die Wände, und aus den offenen Fenstern vorbeifahrender Autos dringen Wortfetzen in einer der 138 der in Queens gesprochenen Sprachen, häufig untermalt von wummernden Bässen.

Über die 33rd Street führt der Weg nun weiter in die 34th Avenue. Dieses Gebiet wird geprägt von den riesigen **Kaufman Astoria Studios** 5, einer Art Hollywood an der Ostküste. Seit 1920 wird hier fürs Kino und heutzutage verstärkt fürs Fernsehen produziert. Dass die Lichter in den Studios nicht ausgingen, ist dem Unternehmer George S. Kaufman zu verdanken, der die kurz vor dem Bankrott stehende Legende 1980 sanierte. Als kleine Anerkennung für seine Mühe benannte Mr. Kaufman die Astoria Studios in Kaufman Astoria Studios – kurz KAS – um. Leider gibt es keine Führungen durch das Gelände, so dass man nur versuchen kann, am Haupteingang (36th St. zwischen 34th und 35th Ave.) einen Blick ins Innere zu erhaschen. Allerdings werden in den Kaufman Astoria Studios regelmäßig jene zumeist austauschbaren Nachmittags-Talkshows produziert, von denen es in den USA aufgrund der Größe des Fernsehmarktes noch mehr gibt als hierzulande. Wer einen Platz als Publikumsgast ergattert (www.kaufmanastoria.com), kann sich vielleicht auf diesem Weg einen Eindruck verschaffen.

Mit bedeutend weniger Aufwand kommen Filmfans in unmittelbarer Nachbarschaft auf ihre Kosten. Hier widmet sich in einem Studiokomplex, in dem die Filmgesellschaft Paramount in

Museum of the Moving Image

den 1920er-Jahren Stummfilme drehte, das **Museum of the Moving Image** 6 (Eingang 35th Ave./Ecke 36th St., www.movingimage.us, Mi, Do 10.30–17, Fr bis 20, Sa, So 11.30 bis 19 Uhr) der Film- und Fernsehgeschichte. Über 60 000 Requisiten und Erinnerungsstücke werden in Wechselausstellungen gezeigt. Im zweiten Stock befindet sich die Dauerausstellung »Behind the Screen«, die die Entstehung eines Filmes demonstriert. Besucher können daran teilnehmen, indem sie Regie führen, Filme schneiden oder Schauspieler schminken können. Im hauseigenen Kino werden Filmklassiker gezeigt, man kann auch Previews beiwohnen.

Natürlich macht die »Arbeit« am Set hungrig – aber dagegen lässt sich im Restaurant **Astor Room** 7 (36th St Ecke 35th Ave, amerikanisch, €€) problemlos etwas tun. Das Lokal ist vor allem für sein Brunch bekannt, bei dem in beeindruckender Vielfalt (und Menge) aufgefahren wird. Aber keine Angst, wenn die »Dreharbeiten« bis in den Nachmittag oder gar den frühen Abend gedauert haben, das Restaurant weist auch eine umfangreiche Dinnerkarte vor.

Zum Abschluss bietet sich ein Bummel durch das Multikulti-Queens an. Ein möglicher Weg führt über 35th Avenue und 42nd Street zum Broadway (die Kreuzung 42nd Street/Broadway ist hier längst nicht so schillernd wie das Pendant am Times Square) und über diesen zur Ⓢ Steinway Street.

MAL PAUSE MACHEN

Im **Museum of the Moving Image** die Installation »Tut's Fever Movie Palace« (Mae West und Mickey Rooney), eine Hommage an das Kino der 1920er-Jahre, bewundern und bei den Filmvorführungen die Beine ausstrecken.

Tour im Anschluss: 18 (per U-Bahn, Train V)

LONG ISLAND CITY
QUEENS
El Mariachi Corp
Caravan Chicken
Bartolino's
Bai Sushi
Kaufman-Astoria Studios
Astor Room
American Museum of the Moving Image & Television Found.
Broadway
Steinway St
36th Av
39th Av
36th St
46th St
29
1
2
3
4
5
6
7
ASTORIA HEIGHTS REC. PARK
21st St.
(Van Alst Ave.)
34th Ave.
33rd Rd.
14th St.
Crescent St.
28th St.
30th St.
32nd St.
33rd St.
34th St.
35th St.
36th St.
37th St.
38th St.
Steinway St.
41st St.
42nd St.
43rd St.
45th St.
47th St.
49th
44th St.
28th Ave.
30th Ave.
31st Ave.
30th Rd.
Newtown Rd.
35th Ave.
36th Ave.
37th Ave.
38th Ave.
39th Ave.
24th St.
29th St.
31st St.
Woodside Ave.
Northern Boulevard
25A
N
0
200 m

Tour 30

Brooklyn: Durch Brooklyn Heights und DUMBO

Brooklyn Borough Hall › New York Transit Museum › Brooklyn Historical Society › Brooklyn Heights Esplanade › DUMBO

Start:	**Ⓢ Borough Hall Station (Train 2, 3)**
Ziel:	**Ⓢ High St. (Train A, C)**
Wann:	**tagsüber, Di und Sa ist Markt vor der Borough Hall**
Distanz:	**4,5 km**

Das Beste an Brooklyn, so lästerten Bewohner von Rest-New-York früher, seien die Brücken nach Manhattan. Heute bemühen sich gut betuchte New Yorker darum, ein Haus in den Top-Vierteln von Brooklyn zu ergattern, z. B. in Brooklyn Heights, von wo aus man einen tollen Blick auf Manhattans Skyline hat – und auf die Brücken.

Brooklyn Borough Hall

Eigentlich ist Brooklyn eine Stadt für sich. Mit seinen 2,5 Mio. Einwohnern würde es in den USA Rang vier einnehmen – nach New York, Los Angeles und Chicago. 1834–98 war Brooklyn selbstständig, dann wurde es nach New York eingemeindet. Ein Relikt aus jener Zeit ist die klassizistische **Brooklyn Borough Hall** 1 an der Ecke Court/Joralemon Streets. Das älteste öffentliche Gebäude des Stadtteils fungierte bis 1898 als Rathaus, Gericht und Gefängnis.

Die Abstimmung gegen die Eigenständigkeit und für Groß-New-York fiel denkbar knapp aus. Dass Brooklyn unter der damaligen Entscheidung nicht gelitten hat, zeigt sich in Gegenden wie Brooklyn Heights. Die Zeiten, in denen hier die Wohnungen billiger waren als in Manhattan, sind lange vorbei. An der Ecke Schermerhorn Street/ Boerum Place beherbergt eine stillgelegte Metro-Station das **New York Transit Museum** 2 (Boerum Place & Schermerhorn St., web.mta.info/mta/museum/, Di–Fr 10–16, Sa, So 11–17 Uhr), angeblich das größte Museum der USA zum Thema Öffentlicher Nahverkehr. Sein Schwerpunkt liegt auf der Geschichte der Subway. Schermerhorn und Clinton Street führen weiter zur **Montague Street**, der belebten Einkaufsstraße des Viertels. Hier macht man beim Teenager-Treff **Monty Q's** (158 Montague St., italienisch, €) mit einer Spezialität Brooklyns Bekanntschaft: der Pizza. Sie wird überall im Viertel in fantasievollen Varianten stückweise verkauft.

Monty Q

An der Kreuzung Clinton/Pierrepont Streets residiert die **Brooklyn Historical Society** 3 (128 Pierrepont St., www.brooklynhistory.org, Mi–So 12–17 Uhr), die seit 1863 die Geschichte Brooklyns und seiner Bewohner dokumentiert. Die Pierrepont Street nach Westen führt zur Willow Street, einem der schönsten Straßenzüge des **Brooklyn Heights Historic District** 4. Alte Sandstein- und Ziegelhäuser, baumbestandene Straßen mit wenig Verkehr und entspannte Bewohner, mit denen sich locker plaudern lässt, während sie das Unkraut im Vorgarten jäten – hier ist Brooklyn Heights pures Idyll. In **70 Willow Street** lebte übrigens Truman Capote und schrieb »Frühstück bei Tiffany«. Heute könnte sich der Autor das nicht mehr leisten – das Haus soll 40 000 $ Miete im Monat kosten. Auf der von hübschen Brownstone-

The Promenade

häusern gesäumten Straße Columbia Heights geht es nun wieder in Richtung Süden, bis die Pierrepont Street zur **Brooklyn Heights Esplanade** 5 abbiegt. The Promenade, wie Brooklyns Filetstück auch genannt wird, bietet einen atemberaubenden Blick auf die Hochhauskulisse von Manhattan.

Nach einem Bummel über die Promenade geht es weiter nach **DUMBO.** Die Abkürzung bezeichnet das Gebiet »Down under the Manhattan Bridge Overpass«, das sich zwischen Brooklyn und Manhattan Bridges erstreckt. Die **Brooklyn Ice Cream Factory** 6 (1 Water St.) ist eine Institution und verkauft das beste Eis weit und breit. Nicht so preiswert wie hier kommt man im **River Café** (1 Water St., amerikanisch, €€€) davon, dafür ist der Blick auf Manhattan überwältigend. Auf der Water Street geht es weiter in das Herz von DUMBO, wo sich ein Szeneviertel mit Galerien, Bars, Restaurants und Klubs etabliert hat. Die Stadtverwaltung investierte 130 Mio. $ in den Brooklyn Bridge Park, der zusammen mit dem Empire-Fulton Ferry State Park die hinreißendsten Manhattan-Panoramen bietet.

MAL PAUSE MACHEN

Jane's Carousel im Empire-Fulton Ferry State Park ist eine Augenweide. Mit der restaurierten Jahrmarktattraktion können Sie hoch zu Ross ein paar Runden drehen ohne sich dabei anzustrengen.
• Dock Street

Die verführerischen Auslagen des Chocolatiers **Jacques Torres** 7 (62 Water St.) lassen Passanten jäh das Tempo drosseln. In der **68 Jay Bar** (68 Jay St.) mag man vielleicht noch einen Drink nehmen, bevor es über Front und Washington Street zu High Street geht. Auf dem Weg demonstrieren die Köche im **Dish** (81 Washington St., international, €), dass eine abwechslungsreiche Speisekarte keine hohen Preise mit sich bringen muss.

Tour im Anschluss: 3

Front St.
South Street Seaport Museum
Pier 17
Brooklyn Bridge
Manhattan Bridge (Toll)
EMPIRE-FULTON FERRY STATE PARK
Jacq. Torres Chocolate
River Café/ Ice Cream Factory
BROOKLYN BRIDGE PARK
New Dock St.
Water
Howard Al.
Washington St.
Pearl St.
John St.
Jay St.
68 Jay St. Bar
DUMBO
Fleet Al.
Adams St.
Dish
York St
Old Fulton St.
Doughty
Vine St.
BROOKLYN HEIGHTS
Poplar St.
Middagh St.
High St
Cranberry St.
Orange St.
Pineapple St.
Clark St
Clark St.
Prospect St.
Pearl St.
High St.
Red Cross Pl.
Adams St.
High St
Jay St.
Cadman Plaza W.
Cadman Plaza
Cadman Pl. E.
Brooklyn-Queens Exprwy.
BROOKLYN HEIGHTS HISTORIC DISTRICT
Brooklyn Heights Esplanade
Columbia Hts.
Willow
Hicks St.
Cottage Pl.
Court House
Tillary St.
Furman St.
Montague St.
Pierrepont St.
Brooklyn Historical Society
N.Y. Supreme Court
Poly-technic Univ.
N.Y. Tech. College
Jay St Borough Hall
Remsen
Grace Ct.
Monty Q's
St. Francis Coll.
Court St
30
Adams St.
Hunt's La.
Joralemon St.
Brookl. Borough Hall
Columbia Pl.
Hicks St.
Henry St.
Sidney Pl.
Aitken Pl.
Borough Hall
Lawrence St
278
State St.
Red Hook La.
Fulton St.
VAN VOORHIES PARK
Atlantic Ave.
NY Transit Museum
Columbia St.
L.I. Univ. Hospital
Clinton St.
Court St.
Pacific St.
Boerum Pl.
Smith St.
Schermerhorn St.
Hoyt-Schermerhorn
Congress St.
N
0
200 m
1
2
3
4
5
6
7

Four Seasons

New York ist heute bei Reisenden so beliebt wie nie zuvor. Das wissen auch die Hoteliers der Stadt ganz genau, in der Metropole werden teilweise aberwitzige Übernachtungspreise verlangt. Eine intensive Preisrecherche empfiehlt sich deshalb. Mitunter haben die Hotels Specials im Angebot, die die Katalogpreise der Reiseveranstalter unterbieten.

Hotel Beacon (Upper West Side)
2130 Broadway, Tel. (212) 787-1100,
www.beaconhotel.com, €€

Nach einem Tag in der lauten und aufregenden Stadt New York finden die überreizten Sinne in diesem Hotel einen Hafen der Ruhe. Das Haus liegt in einer Gegend, in der auch die New Yorker selber gerne wohnen, der Central Park ist in wenigen Minuten erreicht. Wer lieber im Zimmer bleiben möchte, wird sich über die New-York-untypische Größe der Räume freuen, die Suiten haben zusätzlich eine voll ausgestattete Kitchenette.

Courtyard New York (Manhattan/Central Park)

1717 Broadway, Tel. (212) 324-3773, tinyurl.com/n9bla66, €€

Bezahlbarer Hotel-Superlativ: In keiner anderen Herberge New Yorks kann man angeblich höher nächtigen als in dieser, die in einem neuen, 229 m hohen Wolkenkratzer untergebracht ist. Da gerät es fast zur Nebensache, dass dieses Hotel ideal in Midtown gelegen ist, zu Central Park und Times Square ist es jeweils nur ein kurzer Spaziergang.

The Evelyn (Flatiron District)

7 E. 27th St., Tel. (855) 468-3501, www.theevelyn.com, €€

Die Liebe der Besitzer zu ihrem Boutiquehotel ist hier in jedem Detail spürbar. Netter Service, bereits auf der Reservierungsseite des Hotels sind Top-Abendveranstaltungen am gewünschten Buchungsdatum aufgeführt.

Four Seasons (Midtown)

57 E. 57th St., Tel. (212) 758-5700, www.fourseasons.com, €€€

Nicht nur die Lage nahe Central Park und Fifth Avenue ist einmalig, auch der perfekte Service, die Architektur von I. M. Pei und der fantastische Blick aus den Zimmern in den oberen Etagen – das Four Seasons ist eines der höchsten Hotels New Yorks. Luxus pur sind die Marmorbäder mit Wannen, die sich in 60 Sekunden füllen.

Gansevoort Hotel (Meatpacking District, Tour 12, Seite 56)

18 9th Ave., (212) 206-6700, www.hotelgansevoort.com, €€–€€€

Genauso hip und stylish wie der angesagte Meatpacking District präsentiert sich auch das einzige First-Class-Hotel des Bezirks.

Das Haus verfügt über eine Dachterrasse mit Pool, in den Unterwassermusik eingespielt wird. Die originell designten Zimmer haben eine Deckenhöhe von 3 m.

The Library Hotel (Midtown)
299 Madison Ave., Tel. (212) 983-4500, www.libraryhotel.com, €€–€€€
So etwas gibt es nur in New York – ein Hotel, das sich bei der Benennung seiner Zimmer am Dewey Decimal System orientiert, einem System zur Erschließung von Bibliotheksbeständen. Alle zehn Stockwerke sind einer Hauptkategorie wie Kunst, Literatur oder Technik zugeordnet, jeder Raum einer Unterkategorie, z. B. dem Thema Computer. Im Zimmer kann man dann in den passenden Büchern schmökern. Kult!

Marriott Financial Center (Financial District)
85 West St., Tel. (212) 385-4900,
www.nycmarriottfinancial.com, €€–€€€
Wer sich durch die Nähe zu Ground Zero nicht gestört fühlt, ist mit dem Marriott gut bedient. Mit etwas Glück bekommt man ein Zimmer mit Blick aufs Wasser und die Freiheitsstatue; die

Räume sind für Manhattan großzügig bemessen. Marriott bietet oft günstige Wochenend-Specials, die ein Frühstück beinhalten. Ansonsten kann man sich bei Starbucks im Erdgeschoss einen Café Latte holen.

The Muse Hotel **(Midtown)**
130 W. 46th St., Tel. (212) 485-2400,
www.themusehotel.com, €€
Eleganz und die gute Lage im Herzen des Theater District machen den Reiz dieses Boutiquehotels aus, dessen Designern bei ihrer Ideenfindung scheinbar tatsächlich eine Muse zur Seite stand. Charmantes Detail: Am späten Nachmittag lädt das Management zur kostenlosen Weinprobe im behaglichen Foyer.

Thirty Thirty **(Midtown)**
30 E. 30th St., Tel. (212) 689-1900,
www.thirtythirty-nyc.com, €€–€€€
Die Lage »zwischen den Welten« – nicht mehr ganz Flatiron District, noch nicht richtig Midtown – macht das 1920 erbaute Haus durch aufmerksamen Service, angenehm gestaltete Zimmer und ein ausgezeichnetes Preis-Leistungs-Verhältnis wett. Das angeschlossene Restaurant mit mediterraner Küche stellt bei gutem Wetter Tische und Stühle auf der Straße auf.

Waldorf-Astoria
(Midtown, Tour 16, Seite 72)
301 Park Ave., Tel. (212) 355-3000,
www.waldorfastoria.com, €€–€€€

Seine besten Zeiten hat das legendäre Art-déco-Hotel zwar hinter sich, doch es übt immer noch große Anziehungskraft auf Touristen aus aller Welt aus. Wer heute die Exklusivität sucht, die man mit dem Namen Waldorf-Astoria verbindet, muss eines der Luxuszimmer in den separat geführten Waldorf Towers buchen, die zwischen der 28. und 42. Etage liegen.

Heartland Brewery

In New York leben Einwanderer aus aller Welt – entsprechend kann man von armenisch bis zypriotisch alle Küchen ausprobieren. Da New Yorker überaus ausgehfreudig sind, funktioniert ohne Reservierung zumindest in der gehobenen Kategorie und an den Wochenenden gar nichts. Wichtig: Warten Sie beim Eingang, bis Ihnen ein Platz zugewiesen wird, und wie überall in den USA ist der Service nicht im Preis enthalten. 15–20 Prozent des Umsatzes wird als Trinkgeld erwartet.

Aleo Restaurant (Flatiron District, Tour 9, Seite 43)
7 W. 20th St., Tel. (212) 691-8136, €€
Wer noch nie im Leben einen Espresso Martini gekostet hat, bekommt hier seine Chance. Berühmt ist das Restaurant nicht nur für diese Getränkekreation, sondern auch für die innovative Küche, die italienische mit anderen mediterranen Elementen mixt. Die Pasta ist natürlich frisch und hausgemacht. Im Sommer serviert das Team auch in dem kleinen Garten im Hof.

Chalk Point Kitchen **(SoHo, Tour 4, Seite 25)**
527 Broome St., Tel. (212) 390-0327, €€–€€€
Vom Markt direkt auf den Tisch: Dieses Versprechen machen Restaurant-Unternehmer Matt Levine und Sternekoch Joe Isidori – und sie erfüllen es. Die New Yorker Restaurant-Kritiker schwärmen in den höchsten Tönen vom Chalk Point Kitchen. Manchmal kann es deshalb schwierig sein, einen Tisch zu reservieren. Die Mühe aber lohnt sich.

Gramercy Tavern **(Flatiron District, Tour 9, Seite 43)**
42 E 20th St, Tel. (212) 477-0777, €€–€€€
Bei fast 8000 bewerteten Restaurants in New York in die Gruppe der Top 10 zu gelangen – das ist schon eine reife Leistung. Der Gramercy Tavern gelang das. Sie ist entgegen dem Namen alles andere als ein schlichtes Restaurant, eher ein Gourmettempel, der sich auf amerikanische Küche spezialisiert hat. Für das bis zu siebengängige Menü sollte man allerdings ordentlich Hunger mitbringen. Für den eiligen Gast gibt es im vorderen Bereich ein Bistro mit fast identischer Speisenauswahl.

Grand Central Terminal Food Court
(Midtown, Tour 15, Seite 67)
89 E. 42nd St, €–€€

Der Food Court im Untergeschoss des Grand Central Terminal stellt auch anspruchsvolle Gaumen zufrieden. Statt simpler Hamburger und Hot Dogs gibt es hier Spezialitäten aus der ganzen Welt – von koscheren Delikatessen über Sushi und Panini bis hin zu Kuchenkreationen, die jeden Kalorien-Highscore brechen.

Heartland Brewery (Empire State Building, Tour 14, Seite 63)
350th 5th. Ave., Tel. (212) 563-3433, €€

Die Amerikaner lieben Microbreweries, kleine Brauereien, die richtiges Bier im Angebot haben und nicht jene leicht alkoholversetzten Brausen mit Biergeschmack aus Massenfertigung. In der Heartland Brewery (s. Bild S. 134) geht es rustikal zu, das Bier wird in Halblitergläsern ausgeschenkt, und dazu gibt es deftige Steaks (weitere sechs Filialen, u.a. nahe dem Times Square und am Union Square).

Katz's Delicatessen (Lower East Side, Tour 7, Seite 36)
205 E. Houston St., Tel. (212) 254-2246, €

Seit 1888 gibt es dieses berühmte Deli – und spätestens seit dem Kinohit »Harry und Sally«, in dem Sally hier ein klein wenig aus dem Rahmen fällt, kennt es buchstäblich jeder. Ob die Suppen, Sandwiches, Burger und jüdischen Spezialitäten, z. B. Kishka (Blutwurst), auf die Besucher von heute eine ähnliche Wirkung haben wie seinerzeit auf Sally alias Meg Ryan, testet man am besten selbst.

Mandarin Court (Chinatown, Tour 6, Seite 31)
61 Mott St., Tel. (212) 608-3838, €

Die ideale Gelegenheit, um einmal Dim Sum zu probieren, jene köstlichen gefüllten Teigtaschen, die in China traditionell in Teehäusern serviert werden. Bestellt wird nicht, statt dessen rollen Kellner Servierwagen vorbei, von denen man nach Gusto wählt, bis man satt ist. Abgerechnet wird am Schluss nach Größe und Zahl der Teller.

Nobu (TriBeCa, Tour 4, Seite 24)
105 Hudson St., Tel. (212) 219-0500, €€€
Ganz bescheiden hat Starkoch Nobu Matsushisa sein wichtigstes Restaurant einfach nach sich selbst benannt. Diesen Dünkel kann er sich leisten, wird er doch von Gastrokritikern regelmäßig euphorisch gepriesen. Wer sich für keines der köstlich klingenden Gerichte – eine Fusion der Küchen Perus und Japans – entscheiden kann, sagt zum Kellner *Omakase* (Ich überlasse es Ihnen), woraufhin der ein Menü zusammenstellt.

Nougatine at Jean Georges (Central Park, Tour 21, Seite 91)
1 Central Park West/W. 61st St., Tel. (212) 299-3900, €€€
Als das weltberühmte romantische Restaurant »Tavern on the Green« nach 75 Jahren seinen Betrieb einstellte, war der Aufschrei in New York groß. Allerdings fanden die Fans der Central-Park-Ikone schnell eine Alternative: Nougatine at Jean Georges gleich um die Ecke ist ein Liebling der Gastroszene. Wem bei den französisch-amerikanisch geprägten Dinnerangeboten die Wahl schwer fällt, bestellt das fünfgängige Tasting-Dinner – sollte dabei aber inklusive Getränken mit einem dreistelligen Dollarbetrag pro Person rechnen.

Quality Meats (Midtown, Tour 17, Seite 77)
57 W. 58th St./6th Ave, Tel (212) 371-7777, €€–€€€
Wenn man einmal von dem Namen absieht (der eher an einen Fleischgroßhandel als an ein Restaurant erinnert, stimmt bei diesem Lokal alles: Köstliche Steaks, authentische New Yorker Atmosphäre, aufmerksamer Service – und eine Lage, die zumindest für Midtown-Hotelgäste den Rückweg zur Herberge zu Fuß ermöglicht.

Strip House **(Greenwich Village, Tour 10, Seite 47)**
13 E. 12th St., Tel. (212) 328-0000, €€
Wer das Lokal betritt, könnte glatt annehmen, vielleicht den falschen Eingang genommen zu haben: Zeichnungen hüllenloser Frauen zieren Tapeten und Servietten, Fotos erinnern an die Stars der Burlesque-Ära, und rote Lichtquellen verbreiten eine zwielichtige Atmosphäre. Aber keine Angst: Das Steakhaus gehört zu den besten, die New York zu bieten hat – und ist durch und durch seriös. Eine Besonderheit sind die zu den Steaks servierten Beilagen, u.a. getrüffelter Rahmspinat und Gänseschmalz-Kartoffeln.

Sushi Samba
(West Village,
Tour 11, Seite 52)
87 7th Ave. S.,
Tel. (212) 691-7885, €€
Der Name lässt es bereits vermuten: Hier geht es nicht nur um Sushi. Tatsächlich ist dieses Restaurant im lebhaftesten Teil des Village gleichzeitig auch eine Churrasceria brasilianischen Stils, in der das Motto »Fleisch ist mein Gemüse« gilt. Tief schürfende Unterhaltungen sollte man angesichts des Lärmpegels vielleicht nicht anstreben, dafür ist die Stimmung garantiert fröhlich bis ausgelassen. Vom Balkon im 1. Stock hat man einen guten Blick auf den abendlichen Trubel im Viertel.

Sylvia's Restaurant **(Harlem, Tour 25, Seite 108)**
328 Lenox Ave., Tel. (212) 996-0660, €

Wie es sich für eine Harlem-Institution gehört, kommt in Sylvia's Restaurant traditionelles Soul Food auf den Tisch, die herzhafte Küche der amerikanischen Südstaaten. Das Restaurant wird bereits in dritter Generation von Sylvias Familie betrieben und nimmt inzwischen einen ganzen Block ein. In dem Lokal wird viel frittiert – und Chicken gehört zu einem Menü fast zwingend dazu.

Tom's Restaurant (Morningside Heights, Tour 24, Seite 103)
2880 Broadway, Tel. (212) 864-6137, €

Über einen Mangel an kostenloser Werbung muss sich dieses Lokal nicht beklagen. Suzanne Vega würdigte das Restaurant in dem Song »Tom's Diner«, und in der US-Sitcom »Seinfeld« waren immer wieder Außenaufnahmen von Tom's Restaurant zu sehen. Tom's Diner existiert seit beinahe 50 Jahren und ist fast noch im Originalzustand erhalten. Den Betreibern ist der Erfolg nicht zu Kopf gestiegen. Immer noch gibt es gute Hausmannskost zu fairen Preisen.

Zen Palate (Midtown, Tour 14, Seite 65)
516 3rd Ave./35th St., Tel. (212) 685-6888, €€

Alptraum für Steak-Liebhaber, Paradies für Vegetarier – so lässt sich in kurzen Worten das Zen Palate beschreiben. In einer Stadt, die an vegetarischen Restaurants nicht gerade arm ist, fällt doch immer wieder die Empfehlung für dieses Lokal.

Disney Store

In New York könnte er erfunden worden sein, der legendäre amerikanische Schlachtruf *Shop 'til You Drop* (Einkaufen bis zum Umfallen). Vom angeblich weltgrößten Kaufhaus Macy's über die Insiderboutiquen von SoHo & Co. bis zu skurrilen Geschäften, die es so nirgends sonst auf der Welt gibt, reicht das Spektrum. Shoppingprofis freuen sich, dass New York für Kleidung und Schuhe bis 110 $ keine *Sales tax* (USt) erhebt.

Abercrombie & Fitch (Midtown, Tour 18, Seite 80)
720 5th Ave., Tel. (212) 306-0936, www.abercrombie.com
Auch wenn die Konkurrenz gefährlich näherrückt – Abercrombie & Fitch bleibt *die* Kultmarke privilegierter amerikanischer Collegekids. Der ehemalige Jagdausrüster, bei dem auch Hemingway einkaufte, hat sich zur Freizeitmarke mit Milliardenumsatz aufgeschwungen. »A & F« vertreibt Jeans und Polos im künstlich angealterten Vintage Look zu oft aberwitzigen Preisen (weitere Filiale am South Street Seaport).

Apple Store **(SoHo, Tour 5, Seite 28)**
103 Prince St., Tel. (212) 226-3126,
www.apple.com

Mag ja sein, dass Apples Flagshipstore an der 5th Avenue viel größer ist – diese Filiale hat jedoch mehr Atmosphäre. Alle Apple-Produkte können *hands on* ausprobiert werden; man kann sogar kostenlos seine E-Mails checken. Bedenken Sie vor einem Kauf, dass Sie bei der Rückreise eventuell Zoll bezahlen müssen und dass eine Garantieabwicklung kompliziert sein kann.

Barnes & Noble Bookstore **(Tour 9, Flatiron District)**
33 East 17th Street, Tel (212) 253-0810

Buchgeschäfte sind vom Aussterben bedroht? Nicht, wenn es nach den Besitzern dieser Kette geht. Der Buchkauf soll hier zum Erlebnis werden. In gemütlichen Sesseln kann man sich sämtliche Werke anlesen und im angeschlossenen Café über das kostenlose WiFi seine E-Mails checken. Regelmäßig gibt es Autorenlesungen und Livemusik. (Weitere Filialen u. a. 160 East 54th St. und East 86th St.)

Century 21 **(Manhattans Südspitze, Tour 1, Seite 12)**
22 Cortlandt St., Tel. (212) 227–9092, www.c21stores.com

Nein, mit dem Ambiente eines Nobelkaufhauses wie etwa »Saks Fifth Avenue« kann Century 21 nicht aufwarten. Die Atmosphäre gleicht eher der eines Ladens in den letzten Stunden seines Räumungsverkaufes. Für die lokalen Schnäppchenjäger ist Century 21 dennoch eine Topadresse. Und inzwischen hat sich auch bei den Besuchern aus aller Welt herumgesprochen, dass es in diesem Outlet-Kaufhaus Markenware namhafter Designer teils zu Spottpreisen zu kaufen gibt: Mode, Schuhe, Schmuck, Taschen, Wohnaccessoires, sogar Foto- und Elektronikzubehör.

Disney Store **(Midtown, Tour 15, Seite 68)**
1540 Broadway, Tel. (212) 626-2910, www.disneystore.com
Der größte Disney Store in Manhattan bietet ein zweigeteiltes Einkaufserlebnis: Einerseits kann man hier klassische Souvenirs rund um Mickey Mouse und andere Zeichentrickhelden erstehen, darüber hinaus ist das Geschäft aber auch eine Galerie, in der es hochpreisige Originalzeichnungen aus Zeichentrickklassikern und Kunst rund um die Maus zu kaufen gibt.

DKNY/Donna Karan New York
(Midtown, Tour 18, Seite 78)
655 Madison Ave., Tel. (212) 223-3569, www.dkny.com
Donna Karan stellte 1985 in New York ihre erste Kollektion vor und legte mit funktionellen, vielseitig kombinierbaren Powerfrauenoutfits den Grundstein ihrer weltweiten Karriere. Ihre Tochter Gabby inspirierte sie 1989 zum Label DKNY, einer Sportswear-Linie, die etwas preiswerter ist und jüngere Kundinnen als Zielgruppe hat.

FAO Schwarz **(Midtown, Tour 18, Seite 78)**
767 Fifth Ave., Tel. (212) 644-9400, www.fao.com
Menschen mit Peter-Pan-Syndrom machen um diesen Spielzeugladen besser einen großen Bogen, denn sonst werden sie in der Barbie-Boutique oder in der riesigen Lego-Abteilung die restliche Zeit ihres Urlaubs verbringen. Besonderen Glamour

entfaltet FAO Schwarz in der Vorweihnachtszeit, wenn vor und in dem Geschäft Christbaumkugeln von der Größe kleiner Planeten bestaunt werden können.

M&M **(Times Square, Tour 15, Seite 68)**
1600 Broadway, Tel. (212) 295-3850, www.mymms.com
Freunde sowohl der bunten Schokodragees als auch der putzigen M&M-Charaktere finden am Times Square ihren Laden schlechthin. Denn auf zwei Stockwerken gibt es hier nicht nur M&M's in allen Farben und Geschmacksrichtungen zum Selbermischen, sondern auch witzige Memorabilien.

Macy's **(Midtown, Tour 14, Seite 62)**
151 W. 34th St., Tel. (212) 695-4400, www.macys.com
»Das größte Kaufhaus der Welt« heißt es selbstbewusst auf dem viele Stockwerke hohen Werbebanner von Macy's. Auf jeden Fall ist die Mutter aller Kaufhäuser auch ein touristisches Erlebnis. Die Struktur und Ordnung in dem Shoppingpalast ist nur für die Betreiber nachvollziehbar – aber schließlich ist wohl kaum jemand auf der Suche nach etwas Bestimmtem. Am Infoschalter gibt es für Touristen ein Coupon-Heft mit attraktiven Preisnachlässen.

MoMA Design Store **(Midtown, Tour 17, Seite 76)**
11 W. 53rd St., Tel. (212) 708-9700, www.momastore.org
Wie fast alles sind auch die Museum Stores in New York etwas größer geraten – und der des MoMA schlägt alle Rekorde. Hier

gibt es eine reiche Auswahl an Büchern zu allen Facetten der Kunst und des Designs, auch ausgewählte Designobjekte – vom Eames Chair und der Wagenfeld-Lampe über finnisches Glas bis zum Tee-Ei im Bauhaus-Stil – drängen sich als Mitbringsel geradezu auf.

Niketown (Midtown, Tour 18, Seite 79)
6 E. 57th St., Tel. (212) 891-6453, www.niketown.com
Auf fünf futuristisch gestylten Stockwerken gibt es einfach alles von Nike: Trainingsoutfits, Bälle, Sportgeräte und natürlich Sportschuhe für alle erdenklichen Sportarten – von Basketball und Baseball über Fußball und Golf bis hin zu Hochsprung und Laufen. Alle 20 Minuten werden auf einer riesigen Leinwand Nike-Werbespots oder kurze Sportfilme gezeigt. Häufig sind Größen der Sportwelt zu Gast, von denen man sich seine Neuerwerbung gleich signieren lassen kann.

Philip Williams Posters (TriBeCa, Tour 4, Seite 22)
122 Chambers St., Tel. (212) 513-0313,
www.postermuseum.com
Ist es ein Geschäft, oder ist es ein Museum? Zwar lebt der Besitzer dieses einmaligen Ladens davon, alte Poster zu verkaufen, die er bei Reisen durch die Welt aufstöbert. Da Mr. Williams aber offenkundig sehr an seinen Schätzen hängt, ist der Shop zugleich eine Sammlung, die angeblich fast 1 Mio. Poster aller Epochen und Stilrichtungen umfasst.

Saks Fifth Avenue **(Tour 16, Rockefeller Center, Seite 73)**
611 5th Avenue, Tel. (212) 753-4000, www.saksfifthavenue.com
Diese Bekleidungsikone trägt den Luxus im Namen, benannte sich nach der Lage des Stammhauses an der Fifth Avenue. Ehre, wem Ehre gebührt: Dem exklusiven Modekaufhaus begegnet man zwar überall in den USA, seinen Ursprung nahm die außergewöhnliche Erfolgsgeschichte von Saks aber genau hier – an der Fifth Avenue.

Shoegasm **(Flatiron District, Tour 9, Seite 45)**
20 W. 23rd St., Tel. (212) 741-3288, shoegasm.com
Die etwas anzügliche Bezeichnung dieses Schuhgeschäfts ist sicherlich nicht jedermanns Sache. Aber Namen sind Schall und Rauch. Was zählt, ist schließlich die Auswahl – und die kann sich sehen lassen – von Boots bis Abendschuhe. Der Erfolg ließ nicht lange auf sich warten, inzwischen hat Shoegasm vier Filialen in der Stadt.

The Gap **(u. a. Times Square, Tour 15, Seite 68)**
1466 Broadway, Ecke 42nd St.,
Tel. (212) 382-4500, www.gap.com
Nachdem die Bekleidungskette sich vom deutschen Markt zurückgezogen hat, müssen Fans des Unternehmens nun wieder weite Reisen auf sich nehmen. In New York stehen 30 Gap-Filialen zur Auswahl – die Läden an der Fifth Avenue, im South Street Seaport und am Times Square besitzen BabyGap-, GapKids- und GapBody-Abteilungen.

Astor Place Theater

In der Stadt, die niemals schläft, den Abend zu gestalten, dürfte nicht schwer sein, sollte man meinen. Ist es auch nicht – das einzige Problem besteht in der Überfülle des Angebots. Wer sich für eine Alternative entscheidet, verpasst dafür zig andere. Da heißt es gelassen bleiben – der nächste Abend kommt bestimmt.

Blue Man Group (East Village, Tour 8, Seite 38)
Astor Place Theater, 434 Lafayette St., Tel. (212) 387-9415, www.blueman.com
Die Show, die die dreiköpfige Blue Man Group seit fast 25 Jahren beinahe täglich in New York abzieht, ist einfach unbeschreiblich – eine Kombination aus Musik, Comedy, Multimedia-Installation und künstlerischer Anarchie. Besonderen Reiz erhält die Angelegenheit dadurch, dass es sich bei den drei Blauköpfen im Astor Place Theater meist um die Originalbesetzung handelt.

Bowery Ballroom **(Lower East Side, Tour 7, Seite 37)**
6 Delancey St., Tel. (212) 533-2111, www.boweryballroom.com
Ein ehemaliges Einkaufszentrum dient jetzt als riesiger Konzertsaal. Viele aufstrebende Independent-Bands treten hier auf, aber auch unabhängige Alt-Stars wie Patti Smith oder Joan Baez, die den Bowery Ballroom im November 2004 für die Aufzeichnung des Livealbums »Bowery Songs« nutzte.

Café Wha? **(Greenwich Village, Tour 10, Seite 48)**
115 Macdougal St., Tel. (212) 254-3706, www.cafewha.com
Das Café Wha? dient seit den 1960er-Jahren als Sprungbrett für Nachwuchskünstler. Bob Dylan, Jimi Hendrix und Bruce Springsteen wurden hier entdeckt, Woody Allen und Bill Cosby versuchten sich als Komiker. Noch heute gibt es an sieben Abenden in der Woche

Livemusik, Mi und So sogar ohne Eintritt. Die Stimmung in dem Klub ist fantastisch.

Comedy Cellar **(Greenwich Village, Tour 10, Seite 48)**
117 MacDougal St, Tel. (212) 254-3480, www.comedycellar.com
Die Tradition der Standup Comedy halten die Künstler im Comedy Cellar hoch. An gelungenen Abenden – und davon gibt es viele – kommt es zur Interaktion mit dem Publikum, mit ungewissem Ausgang. Um richtig Vergnügen am teilweise anarchischen Humor zu haben, sollte man der englischen (Umgangs-) Sprache allerdings mehr als nur rudimentär mächtig sein.

Empire State Building **(Midtown, Tour 14, Seite 63)**

350 5th Avenue, www.esbny.com

Eine Auffahrt zur Besucherplattform des Empire State Building lohnt sich natürlich zu jeder Tageszeit. Besonders romantisch wird das Erlebnis aber in den Abend- und Nachtstunden, wenn sich die glitzernde Metropole schier endlos vor einem ausbreitet. Die Besucherplattform hat bis 2 Uhr nachts geöffnet.

Jazz at Lincoln Center **(Midtown, Tour 21, Seite 92)**

Columbus Avenue/60th St., Tel. (212) 258-9595, www.jalc.org

Der Name dieser Institution ist irreführend, denn »JALC« befindet sich nicht im Lincoln Center, sondern einige Blocks entfernt im Time Warner Center. Hier wird Jazz zwar nicht ganz so intim wie etwa in der Lenox Lounge dargeboten, dafür aber in einem absolut kultigen Setting – den Bühnenhintergrund bildet die Skyline von Manhattan.

Lenox Lounge **(Harlem, Tour 25, Seite 107)**

288 Lenox Ave., Tel. (212) 427-0253, www.lenoxlounge.com

Cool, cooler, Lenox Lounge. In diesem Etablissement wird seit den 1930er-Jahren der beste Jazz der Stadt geboten. Künstler wie Billie Holiday oder Miles Davis traten hier auf. Zu den prominenten Gästen gehörte Bürgerrechtler Malcolm X. Stimmungsvoll ist der im Art-déco-Stil dekorierte Zebra Room.

Radio City Music Hal (Rockefeller Center, Tour 16, Seite 71)
1260 6th Ave., Tel. (212) 307-7171, www.radiocity.com

Eigentlich ist es egal, wer gerade in der Radio City Music Hall gastiert, denn bei jeder Show ist der prächtige Art-déco-Saal ein Blickfang. Das wissen auch die Künstler, die sich darum drängen, hier auftreten zu dürfen. In der Vorweihnachtszeit müssen Elton John, Celine Dion und Tori Amos allerdings draußen bleiben. Dann ist die Bühne für die berühmte Tanztruppe The Rockettes und ihr alljährliches »Christmas Spectacular« reserviert.

Tenjune (Meatpacking District, Tour 12, Seite 56)
26 Little W. 12th St., Tel. (646) 624-2410, www.tenjunenyc.com

Zu seinem ungewöhnlichen Namen kam das Tenjune, weil beide Gründer am 10. Juni Geburtstag haben. Der exklusive Klub wurde in den unterirdischen Räumen einer früheren Parkgarage eingerichtet. Mit dem Purple Room besitzt der Klub einen VIP-Bereich, der von Celebrities wie P. Diddy oder Beyoncé gern für private Feiern genutzt wird. Beide hatten hier auch schon Liveauftritte.

Webster Hall (East Village, Tour 8, Seite 41)
125 E. 11th St., Tel. (212) 353-1600, www.websterhall.com

Die Webster Hall hat eine umfangreiche Liste von Liveauftritten angesagter Bands vorzuweisen, aber auch viele Newcomer treten hier zum ersten Mal vors Publikum. Zusätzlich gibt es auf mehrere Etagen verteilte Klubs, in denen die Musik aus der Konserve kommt.

Diplomatische Vertretungen

- **Deutschland:** Generalkonsulat, 871 United Nations Plaza, Tel. (212) 610-9700
- **Österreich:** Generalkonsulat, 31 E. 69th St., Tel. (212) 737-6400
- **Schweiz:** Generalkonsulat, 633 3rd Ave., 30th Floor Tel. (212) 599-5700

Einreise

Deutsche, Österreicher und Schweizer benötigen für einen Aufenthalt bis zu 90 Tagen einen noch mindestens für die Dauer der Reise gültigen, maschinenlesbaren Reisepass sowie ein gültiges Rückflugticket. Bis spätestens drei Tage vor Abflug ist eine Onlineregistrierung unter esta.cbp.dhs.gov zwingend erforderlich (Gebühr 14 $).

Feiertage

New Year's Day (1. Jan.); Martin Luther King Day (3. Mo im Jan.); Presidents' Day (3. Mo im Febr.); Memorial Day (letzter Mo im Mai); Independence Day (4. Juli); Labor Day (1. Mo im Sept.); Columbus Day (2. Mo im Okt.); Veteran's Day (11. Nov.); Thanksgiving Day (4. Do im Nov.); Christmas (25. Dez.)

Geld

Zur Mitnahme empfiehlt sich eine Kreditkarte (Mastercard, Visa) und ein paar Dollar in bar. Geld abheben mit EC-Karte (nur mit Maestro-Symbol) an manchen Automaten möglich, aber hohe Gebühren!

Informationen

- **NYC & Company,** 810 7th Ave., Tel. (212) 484-1200, www.nycgo.com
- www.newyorkguest.com (Touristische Tipps)
- www.newyorkcitytheatre.com (Theatertipps)
- www.timeout.com, www.villagevoice.com (Ausgehtipps)
- www.ny.com/shopping (Einkaufstipps)

Kartenvorverkauf

Über **TKTS,** das **Broadway Visitor Center** nur Barzahlung, (s. Tour 15) sowie **Telecharge** (www.tele charge.com):

Notruf

Tel. 911

Sicherheit

New York ist sicherer geworden, dennoch sollte man sich im Gedränge vor Taschendieben in Acht nehmen und nach Möglichkeit den Hotelsafe nutzen. Abgelegene Gegenden und Parks sind in der Dunkelheit zu meiden.

Telefon

In New York ist der sog. **Area code** – 212, 646 oder 917 für Manhattan und die Bronx, 718, 347, 917 oder 929 für Brooklyn, Queens und Staten Island – fester Bestandteil der Telefonnummer. **Telefonzellen** sind immer schwieriger zu finden. Sie funktionieren mit Münzen und Prepaid Cards, an vielen Kiosken erhältlich (Karte nicht in den Apparat stecken, Codenummer wählen!).

Telefonieren mit dem **Handy** (Mailboxen zu Hause deaktivieren) am besten mit Prepaid-SIM-Karte, die man bei den gängigen Providern schon hierzulande bestellen kann. Auf Flatrate-Karten für USA hat sich der Anbieter Tourisim (tourisim.de) spezialisiert.

- **Auskunft im Ortsnetz New York:** Tel. 411
- **Vorwahl nach USA:** 001
- **Internationale Vorwahlen:** Deutschland 0 11 49, Österreich 0 11 43, Schweiz 0 11 41

Toiletten

Öffentliche Toiletten sind selten. Es empfiehlt sich, ein Kettenrestaurant, Kaufhaus oder größeres Hotel aufzusuchen.

Zoll

Für die Wiedereinreise ins Heimatland gilt: Geschenke dürfen den Wert von 430 € bzw. 300 CHF nicht überschreiten.

Anreise per Flugzeug

- **Infos** zu allen drei New Yorker Airports: www.panynj.gov (Flugverbindungen, Airlines, Verkehrsanbindung)
- **JFK International Airport** (24 km außerhalb, in Queens): Verbindung nach Manhattan mit Linienbus, NY Airport Service Express Bus (6–23 Uhr, Tel. (718) 875-8200 oder mit LIRR-Zügen oder U-Bahn ab Station Jamaica (von dort Airtrain-Anschluss zu den Terminals). Die etwa einstündige Fahrt mit dem Taxi kostet pauschal 52 $ + 4–6 $ Tunnelgebühren sowie 10–15 % Trinkgeld.
- **Newark International Airport** (26 km westlich, in New Jersey): Der AirTrain verkehrt von den Terminals zur Newark Train Station (5 $) und von dort weiter zur Penn Station in Manhattan (14 $, Dauer ca. 1 Std.), Busse von SuperShuttle und Airlink (15–17 $) stellen die Verbindung zu den Hotels in Midtown her (Dauer 45–60 Min.). Ein Taxi kostet 35–50 $ + 4–6 $ Brückenzoll und Trinkgeld (Dauer 30–45 Min.).
- **LaGuardia International Airport** (15 km östlich in Queens): Nach Manhattan mit dem NYC Airporter-Bus alle 30 Min. zur Grand Central und Penn Station (14 $, www.NYCAirporter.com, Tel. (718) 777-5111), ein Taxi bekommt man für 25–32 $ + 4–6 $ Brücken- bzw. Tunnelzoll und Trinkgeld (Dauer 30–45 Min.).

Unterwegs in New York

- Infos zur **Subway** und den **öffentlichen Bussen**: www.mta.info oder Tel. (718) 330-1234. Subway- und Buspläne sind bei den Touristinformationen erhältlich.

Subway

Das Subway-System von New York ist ausgezeichnet ausgebaut. U-Bahnen verkehren rund um die Uhr alle 10 bis 20 Min., zu den Stoßzeiten häufiger, nachts seltener. Die einzelnen Linien sind mit Zahlen und Buchstaben gekennzeichnet. **Express trains** lassen unterwegs viele Stationen aus; **Local trains** halten an jeder Station auf der Route. Eine Einzelfahrt kostet 2,50 $ und dauert so lange, bis man das Sperrengebiet wieder verlässt. Es empfiehlt sich der Kauf einer **Metrocard,** die mit einem bestimmten Geldbetrag aufgeladen ist, alternativ sind auch Wochenkarten (30 $) erhältlich. Verkauft wird die Metrocard an U-Bahn-Schaltern, am Automaten in Bahnhöfen und U-Bahn-Stationen sowie an den Verkaufsstellen überall in der Stadt, z.B. bei den Touristinformationen.

Busse

Während die Subway eher in Nord-Süd-Richtung orientiert ist, stellen Busse die Ost-West-Verbindung her. Auch hier gibt es eine Unterscheidung zwischen **Express-** und **Local-**Routen. Die Haltestellen erkennt man am blau-weißen Schild und am gelben Bordstein; man muss signalisieren, dass man mitfahren möchte. Wer aussteigen will, drückt auf den *Tape strip,* das gelbe Band. Eine Busfahrt kostet 2,50 $; man bezahlt mit der Metro-Card. Wer umsteigen will, verlangt vom Fahrer ein kostenloses **transfer ticket.**

Taxis

Die lizenzierten **Yellow Cabs** werden nicht telefonisch bestellt, sondern einfach an den Straßenrand gewunken. Während der Rush Hour und spät abends sollte man Wartezeiten von bis zu 15 Min. einkalkulieren. Bessere Chancen hat man an den Avenues. Die Grundgebühr beträgt 2,50 $, für jede weitere fünftel Meile fallen 50 ¢ an. Für Nachtfahrten von 20–6 Uhr und von 16–20 Uhr wird ein Zuschlag erhoben.
Taxifahrer akzepzieren max. 20-Dollar-Scheine.

Liebe Leserin, lieber Leser,
wir freuen uns, dass Sie sich für diesen POLYGLOTT zu Fuß entdecken entschieden haben.

Unsere Autorinnen und Autoren sind für Sie unterwegs und recherchieren sehr gründlich, damit Sie mit aktuellen und zuverlässigen Informationen auf Reisen gehen können. Dennoch lassen sich Fehler nie ganz ausschließen. Wir bitten Sie um Verständnis, dass der Verlag dafür keine Haftung übernehmen kann.

Ihre Meinung ist uns wichtig. Bitte schreiben Sie uns:
TRAVEL HOUSE MEDIA GmbH, Redaktion POLYGLOTT, Grillparzerstraße 12, 81675 München, redaktion@polyglott.de
www.polyglott.de

1. komplett überarbeitete Auflage 2016

Dieses Buch wurde auf chlorfrei gebleichtem Papier gedruckt.
ISBN 978-3-8464-6213-3

Verlagsleitung: Michaela Lienemann
Redaktionsleitung: Grit Müller
Verlagsredaktion: Anne-Katrin Scheiter
Autor: Ken Chowanetz
Redaktion: Buch und Gestaltung, Britta Dieterle und Heide-Ilka Weber
Bildredaktion: Ulrich Reißer
Titeldesign: fpm factor product münchen
Layoutkonzept: uteweber-grafikdesign
Karten und Pläne: GeoGraphic Production GmbH
Satz: uteweber-grafikdesign
Herstellung: Anna Bäumner
Druck und Bindung: Drukarnia Dimograf Sp.zo.o. (Polen)

TRAVEL HOUSE MEDIA

Ein Unternehmen der
GANSKE VERLAGSGRUPPE

Bildnachweis:

Coverfoto Lower Manhattan, Little Italy © Bildagentur Schapowalow/SIME/ Mauricio Rellini

Alle Fotos Sabine von Loeffelholz außer:
Alamy/dk: 124; Café Wha?: 147; Ken Chowanetz: 6, 10, 19, 20, 22, 24, 27-2, 34, 35, 36, 94, 95, 110, 111; Four Seasons:130; Heartland Brewery: 134; Jazz at Lincoln Center – jalc.org: 148-1; laif/Heeb: 91; laif/Linkel: 43; laif/Polaris: 58; laif/Redux/The New York Times: 76, 104-2, 119, 133, 143; laif/Sasse: 48, 50, 60, 71, 83, 90, 96, 118, 126, 148-2; Michaela M. Muhmenthaler: 75, 132, 135; Pixelio/Reto Fetz: 18, 64; Pixelo/Jens Goetze: 62; Pixelio/pat_555: 87-1; Pixelio/Tim Reinhart: 11; Pixelio/Jochen Schulze: 15, 44; shutterstock/ pisaphotography: 63; shutterstock/M. Shcherbyna: 14; The Blue Man Group – BMP/Ken Howard: 146; The Blue Man Group – BMP/Darbe Rotach: 38; Top of the Rock: 70; Wikipedia/Tomás Fanó: 84; Wikipedia Commons/ danny-w: 139-2.

POLYGLOTT

USA Der Osten

on tour entdecken

Der Klassiker unter den Kompakt-Reiseführern mit großer Faltkarte, 80 einzigartigen Stickern und individueller App. POLYGLOTT on tour führt mit ausgewählten Routen zu den wichtigsten Sehenswürdigkeiten dieser Region. Dazu lassen das TYPISCH-Kapitel und die Erstklassig!-Tipps den Reisenden das Flair des Ostens der USA schnuppern.